hablar
de
SEXO
a los
niños

Cómo hablar de sexo a los niños era la eterna pregunta sin resolver. Ahora la Dra. Ruth Westheimer, la más afamada terapista sicosexual y conductora de radio y televisión, ofrece una solución al explicar puntualmente todo aquello que los niños y adolescentes ignoran o no comprenden sobre la madurez sexual.

¿Cómo nací?, ¿qué es el embarazo?, ¿por qué cambia mi cuerpo?, ¿qué es menstruación?, ¿cómo se cuida la virginidad?, ¿qué es una erección?, ¿por qué hay orgasmo? son algunas de las interrogaciones que los preadolescentes permanentemente formulan y a las que no pocas veces se les dan evasivas o respuestas confusas y erróneas. De este modo, con su experimentada y optimista voz, la Dra. Ruth aclara la relación del cuerpo, los sentimientos y el amor.

No deje para después lo que deben saber ellos hoy. Es tiempo de madurar sicológicamente. Ayúdense usted y los muchachos acabando con los tabúes. Aprendan juntos el fino arte de *Cómo hablar de sexo a los niños*.

Dra. Ruth K. Westheimer

Cómo hablar de sexo a los niños

SELECTOR

actualidad editorial

SELECTOR
actualidad editorial

Doctor Erazo 120   Tels.   543 70 16 - 682
Colonia Doctores   536 30 31
México 06720, D. F.

CÓMO HABLAR DE SEXO A LOS NIÑOS - DRA. RUTH
Título original en inglés: *Dr. Ruth Talks to Kids*

Coordinación editorial: Antonio Hernández Estrella
Traducción: Verania de Parres
Portada: Carlos Varela

Text copyright © 1993 by Dr. Ruth Westheimer
Illustrations copyright © 1993 by Diane deGroat
Publicado mediante convenio con Macmillan Publishing Company,
    una división de Macmillan Inc. (USA)
D.R. © 1993, Selector, S.A. de C.V.

ISBN (inglés): 0-02-792532-3
ISBN (español): 968-403-695-7

Décimo sexta reimpresión. Abril del 2000

CONTENIDO

Nota para el lector:

Este libro fue escrito originalmente para los niños. No obstante, usted podrá encontrar en él la información que le enseñará la técnica para trasmitirles, sin distorsiones, el tema de la sexualidad.

Así, existen dos posibilidades de lectura. La primera es para los adultos que no están avezados en la pedagogía con la cual se debe exponer este tema que pareciera espinoso, pero que en realidad no lo es. La segunda, y más recomendable por la Dra. Ruth, es que si no siente la confianza necesaria para exponer los tópicos contenidos en este libro, no dude en poner en las manos de los niños (de entre los ocho a los catorce años) esta obra, que dicho sea de paso, no les creará ninguna confusión; por el contrario, les servirá a ellos para despejar sus dudas, familiarizarse con una guía científica y entender las transformaciones del ser humano en su desarrollo y los cambios que se producen en su cuerpo y en su mente.

EL EDITOR

Introducción

Tengo que hacer una confesión. A la edad de siete u ocho años creía que los bebés eran traidos por la cigüeña. Era hija única y me sentía sola. De modo que decidí dejar dos terrones de azúcar fuera de mi ventana para la cigüeña; quizá así me traería un hermano o una hermana.

Adivinen qué ¡No funcionó!

Yo no era la única niña en Alemania, país en el que nací y viví hasta los diez años, que tenía esa absurda idea sobre las cigüeñas. Tal era la respuesta que muchos padres daban a sus hijos cuando éstos preguntaban: " ¿De dónde vienen los niños?" En otros países los padres cuentan historias diferentes. En Francia dicen que a los bebés se les encuentra bajo las hojas de col.

Y en Estados Unidos, donde todo está modernizado y actualizado, a los niños se les informa que los bebés vienen de los hospitales. Sé que eso es lo que pensaba mi hijo cuando era pequeño; cada vez que pasábamos cerca de un hospital, exclamaba: "¡Vamos a recoger un bebé!"

Cuando se trata de preguntas sobre el lugar del que vienen los bebés, la forma en que cambia nuestro cuerpo conforme crecemos y lo que es el sexo, muy pocas personas saben todas las respuestas correctas. Te explicaré la razón por lo que esto es así. En nuestra sociedad, la sexualidad es considerada una cuestión privada. Esto es bueno, ¿Te gustaría que todo el mundo te observara cuando besas a tu novio o novia? Pero produce algunos resultados negativos.

Uno de ellos es que, con frecuencia, la gente se siente muy incómoda al hablar sobre sexo. Y si no puede hablar de él, ¿cómo podrá descubrir algo acerca del sexo?

Incluso tus papás prefieran platicar contigo sobre béisbol, la boleta de calificaciones o el clima. Si insistes, en ocasiones te dirán lo que deseas saber. Pero normalmente se sienten avergonzados y confundidos y su rostro se enrojece. Quizá tartamudeen algunas cosas.

Probablemente tus amigos no actúen mejor. Pueden comportarse como si lo supieran todo, pero lo más seguro es que terminen probando que conocen muy poco. Mientras tanto, eres susceptible de obtener información equivocada o, en ocasiones, quedarte sin saber nada.

Esto es en verdad muy malo. Durante los próximos años tu vida cambiará de manera inimaginable para ti. Desarrollarás nuevos gustos y sentirás congojas, tendrás nuevas amistades, otros pensamientos e ideas y un cuerpo diferente. Los varones empezarán a afeitarse; desarrollarán los músculos y la voz se les volverá grave en forma repentina. A las niñas les crecerán los senos y se les ensanchará la cadera. Empezarán a menstruar. Y, tanto los niños como las niñas, notarán que tienen gran interés por los asuntos sexuales.

Estos cambios deberían hacer que los chicos se sintieran *estupendamente bien*. Significan la entrada a un mundo nuevo y excitante. Pero, si los niños no entienden lo que está sucediendo, los cambios podrían hacer que se sintieran confundidos e incluso asustados.

La falta de información también puede provocar que hagan cosas que no desean o para las que todavía no están preparados.

Esa es la razón por la que escribí este libro. Si continúas leyendo, encontrarás información que te ayudará a entender, manejar y disfrutar todos los cambios conforme se presenten. Hablaremos de temas que quizá consideres demasiado íntimos para discutirlos con alguien más. Pero como estas cosas a mí no me hacen sentir incómoda en lo más mínimo, no hay ninguna razón para que tú te sientas así.

De manera que cuelga un letrero de "No Molestar" fuera de tu habitación, cierra la puerta, apaga la radio y siéntate en tu sillón favorito. Tú y yo tendremos una buena plática.

Capítulo 1

Tu cuerpo

*E*n el mundo del cine existe una expresión: *corta hasta la persecución*. Significa que se supriman las partes aburridas de una película y se vaya directamente a lo que le interesa al público: una persecución de autos. (A mí no me parecen muy interesantes estas persecuciones, así es que me alegro por no estar dentro del negocio del cine.)

Yo voy a cortar hasta la persecución en este momento. ¿Recuerdas que dije que en nuestra sociedad la sexualidad es un asunto privado? Quizá el mejor ejemplo de esto es el hecho de que, cuando estamos con otras personas, ciertas partes de nuestro cuerpo —las sexuales— están *siempre* cubiertas con ropa. Si eres niña, es probable que no sepas con exactitud lo que hay debajo del traje de baño de un niño; y, si eres niño, quizá no sepas lo que se oculta debajo del traje de baño de una niña.

Desde luego, tal vez los niños de ahora sepan más de lo que yo conocía cuando era pequeña. En aquellos días, no existían cosas como una muñeca "anatómicamente perfecta". Cuando fui a comprar muñecas para mi hija me sorprendió encontrarme con que algunas de ellas eran iguales a las personas reales hasta en el último detalle.

Algo que *sí* existía cuando yo era joven era

la curiosidad. Cuando tenía diez años, mis padres me enviaron a un hogar para niños en Suiza, porque la Segunda Guerra Mundial estaba a punto de estallar; viví ahí hasta los dieciséis años. Niños y niñas ocupaban partes distintas del edificio. Recuerdo que un grupo de nosotras, las niñas, espiábamos en el baño de los niños mientras éstos se bañaban. Pensábamos tener un secreto, pero ahora que miro hacia atrás estoy completamente segura de que ¡ellos sabían que los observábamos!

De cualquier forma, en caso de que no sepas con exactitud cómo son las partes del cuerpo del sexo opuesto, o si no estás muy seguro de conocerlas, aquí te ofrezco un recorrido rápido.

Empecemos con los chicos. Hasta que llegan a la pubertad —que es la edad en la que el cuerpo de un niño se vuelve más parecido al de un adulto— su cuerpo se parece al de las niñas, excepto que entre sus piernas hay algo que se llama *pene*. Éste es un órgano que se encuentra algunos centímetros abajo del vientre. Cuelga y se parece un poco a un dedo (algunas veces a un dedo muy corto y otras a uno muy largo) pero sin uña y con una pequeña abertura al final. Este orificio es por donde sale la orina.

Al pene de algunos niños le practicaron la *circuncisión*. Esto quiere decir que, quizá poco después de su nacimiento, la capa de piel que cubre el final del pene —*el prepucio*— fue cortada. Por lo general los padres deciden circuncidar a sus bebés varones, ya sea por razones religiosas o por lo que ellos consideran motivos de salud (a pesar de que no todos los médicos están de acuerdo en que estos motivos sean válidos). Pero el pene, con o sin circuncisión, funciona de la misma manera. Lo único que deben recordar los niños a los que no se la practicaron es que es importante que una vez a la semana más o menos empujen el prepucio hacia atrás y laven la cabeza del pene.

Entre el pene y el resto del cuerpo está el *escroto*. Ésta es la bolsa de piel suave y arrugada que contiene los dos *testículos*, órganos internos de forma oval que, como todos los niños saben, son muy sensibles al dolor.

El pene es un órgano asombroso. Porque, en primer lugar, un niño orina por medio de él; y, como puede ser guiado, un chico puede orinar de pie. Otro aspecto sorprendente es la forma en que el pene experimenta una *erección*. Normalmente es suave, pero en ocasiones se endurece, se hace más largo y se pone erecto. Esto puede suceder cuando el niño lo frota o roza algo con el pene; también cuando siente gran urgencia por orinar, o puede suceder sin que exista ninguna razón. (El pene no tiene huesos y la erección tiene lugar por un flujo rápido de la sangre en su interior.)

Ahora, hablemos de las niñas. Sus trajes de baño cubren su pecho pero, hasta que alcanzan la pubertad, éste es exactamente igual al de los niños: dos pezones, uno de cada lado.

Sin embargo, en el lugar en que los niños

tienen el pene, los órganos son totalmente diferentes. Las niñas tienen una *vulva*, que se asemeja a un par de labios que van de arriba abajo, en vez de ir de un lado al otro. En una hendidura que hay entre ellos, e invisible desde el exterior, está la *vagina*, una abertura con forma de barril. En las niñas y las mujeres que no han tenido relaciones sexuales todavía, dentro de la vagina existe una membrana muy delgada llamada *himen* que, en parte, cierra la abertura.

Las niñas orinan a través de la *uretra*, un pequeño orificio dentro de la vulva, justo arriba de la vagina. No puede ser guiada, de modo que las niñas deben orinar sentadas.

Exactamente arriba de la uretra está el *clítoris*, un pequeño nudo de tejido que es muy sensible al tacto.

El cuerpo del ser humano sufre un cambio constante, pero nunca tan notorio como durante el proceso llamado pubertad, que puede empezar desde la temprana edad de ocho o nueve años o hasta los dieciséis o diecisiete. Por lo general, empieza entre estas edades. De cualquier manera, las cosas cambian con la llegada de la pubertad. Y muchos de los cambios, físicos y emocionales, tienen que ver en alguna forma con el sexo.

El sexo no se puede resumir ni siquiera en todo un libro, mucho menos en un solo párrafo, pero una parte básica del sexo es la actividad llamada *coito*. Durante éste, el hombre inserta el pene erecto dentro de la vagina de la mujer. En ocasiones, como resultado de esta acción, la mujer queda embarazada y después de aproximadamente nueve meses tiene un bebé. Así es como tú empezaste y, si alguna vez llegas a tener hijos, así es como ellos también empezarán.

Cambios durante la pubertad: niñas

La forma en que tu cuerpo cambia durante la pubertad hace posible que tengas un bebé. Hablemos sobre esos cambios. Tanto los niños como las niñas tienen en su cuerpo una especie de reloj despertador invisible. Pero no suena. En lugar de eso, en el momento indicado, les dice a las diferentes glándulas que empiecen a producir muchas *hormonas* y las envíen al torrente sanguíneo. Las hormonas son sustancias químicas que ejercen una influencia tanto en la manera con que se desarrolla el cuerpo, como en la forma en que la gente se siente.

En las niñas, el primer desarrollo nuevo es, por lo general, el crecimiento de los senos. Primero, se agranda el área que rodea al pezón y sale una pequeña protuberancia. Durante los años siguientes, continúa creciendo y se desarrollan también el pezón y el área circundante, la *areola*. Al mismo tiempo, las nalgas y la cadera de las niñas se agrandan, de modo que la forma de su cuerpo comienza a tomar la figura muy conocida de un "reloj de arena".

La razón biológica del desarrollo del pecho es sencilla: después de que una mujer da a luz, glándulas especializadas dentro de sus senos producen leche para alimentar al bebé. Además, el busto, sobre todo el espacio que rodea al pezón, es conocido como una *zona erógena*: una parte del cuerpo que es muy sensible y que te hace sentir bien cuando la tocan. Algunas otras zonas erógenas son el clítoris, el lóbulo de la oreja, la parte posterior del cuello y la parte superior del muslo. (Las últimas tres también son zonas erógenas del cuerpo de los chicos.)

En varios países la gente siente fascinación por los senos. Lo puedes imaginar por todos los modismos que se utilizan para nombrarlos, por la forma en que las personas se sienten avergonzadas y se ríen cuando se habla de ellos e incluso por la manera en que las blusas, vestidos y trajes de baño están diseñados con el objeto de convertirlos en el centro de atracción.

A causa de todo este alboroto, por lo general las chicas se muestran muy preocupadas por su busto. Quieren saber cuándo crecerán sus senos, cómo se verán y sentirán, qué forma y tamaño tendrán y cuál será la sensación de tenerlos. Lamento tener que decirlo, pero eso yo no lo sé. Pueden empezar a crecer desde que una niña tiene ocho o nueve años o hasta que cumpla catorce o quince, y existen tantos tipos de busto como mujeres hay en el mundo.

Pero en realidad esas son buenas noticias. Significa que, como quiera que se vean tus senos, probablemente sean *normales*. Los pequeños funcionan tan bien y son tan atractivos para los chicos como los grandes; tener senos prominentes no te hace ser desaliñada ni poco atractiva. Desde luego, puedo insistir sobre esto hasta el cansancio y, aun así, una vez que tu pecho se haya desarrollado seguirás preocupándote por él. Tus senos son demasiado pequeños o muy grandes. Uno es más grande que el otro. Tienen una forma chistosa.

Hablo con conocimiento de causa porque mis senos se desarrollaron a una edad muy temprana. Como siempre he sido bajita, eran muy notorios cuando tenía trece o catorce años y ya estaban totalmente desarrollados. Yo estaba *muy* preocupada, sobre todo después de que una mujer que trabajaba en el hogar para niños me vio e hizo un ademán circular alrededor de su pecho, como para expresar lo grandes que eran mis senos. *Todavía* estoy furiosa con ella. Creí que algo estaba mal en mí. Me tomó mucho tiempo darme cuenta de que algo estaba mal en *ella*.

En determinado momento es probable que desees empezar a usar sostén. Sobre todo si tus senos son grandes, quizá encuentres que el soporte que esta prenda te ofrece te hace sentir más cómoda. Si practicas algún deporte, tal vez prefieras usar un sostén especial para atletas.

Pero puedes esperar un tiempo después de

que tu pecho empiece a desarrollarse antes de adquirir tu primer sostén. En otras palabras, no creo en los sostenes entrenadores. Recuerdo cuando mi hija (que ahora está casada y es madre del niño más encantador del mundo) me dijo que quería un sostén entrenador. "¿Entrenadores de qué?"

Existen otros cambios físicos que llegan con la pubertad. Con frecuencia, las niñas presentan un crecimiento repentino, aumentando algunos centímetros en uno o dos años, y su voz se vuelve un poco más gruesa. También les empieza a crecer vello en el cuerpo —en las axilas y alrededor de los genitales (en esta última área se le conoce como *vello púbico*) y, por lo general, en brazos y piernas. Como sucede con muchas otras cosas, las diferentes culturas presentan distintas actitudes al respecto. Después que salí del hogar para niños en Suiza, viví en un kibutz de Israel. Ahí nadie se afeitaba las piernas ni las axilas. En otros países, desde luego, la mayor parte de las mujeres lo hace. Tú debes adoptar la costumbre que te haga sentir más cómoda.

Los cambios de los que hemos hablado hasta este momento tienen algo en común: los puedes ver. Pero de igual forma, muchos cambios tienen lugar dentro de tu cuerpo. Éstos nos ayudan a explicar la *menstruación*, una palabra larga que describe algo más bien sencillo que sucede uno o dos años después de que a una niña se le empiezan a desarrollar los senos: cada mes más o menos durante tres o cuatro días, quizás una semana, una pequeña cantidad de desecho de sangre saldrá por la vagina.

La razón de que exista la menstruación —que en ocasiones también es llamada regla o período —es un poco más complicada. Es necesario que sepas que dentro del abdomen de una chica, desde que nace, existen dos pequeños órganos conocidos como *ovarios*, aproximadamente del tamaño y forma de una almendra sin cáscara. Contienen miles de diminutos *óvulos*, llamados también células del huevo.

Cuando una niña llega a la pubertad, su cuerpo empieza a realizar una serie regular de procedimientos que continuarán durante los siguientes treinta o cuarenta años. Al principio del ciclo, cualquiera de los dos ovarios empuja a un óvulo dentro de un pasaje cercano al que se le llama *trompa de Falopio*. A este proceso se le da el nombre de *ovulación*. Si una mujer tiene relaciones sexuales con un hombre cerca de estos días es probable que un *espermatozoide* entre al huevo y lo *fertilice*. En caso de ser así, éste viaja hasta la gruesa pared del *útero*, un órgano en forma de pera que tiene alrededor de siete centímetros y medio de largo y que está conectado con la vagina. La cubierta protege al huevo y lo nutre conforme crece para convertirse en embrión, que después se vuelve un feto y más adelante un bebé.

Si el óvulo no es fertilizado, el cuerpo ya no lo necesita y lo desintegra. Tampoco hay necesidad de la cubierta del útero, de modo que empiezan a desintegrarse la sangre y los tejidos de los que está forma-

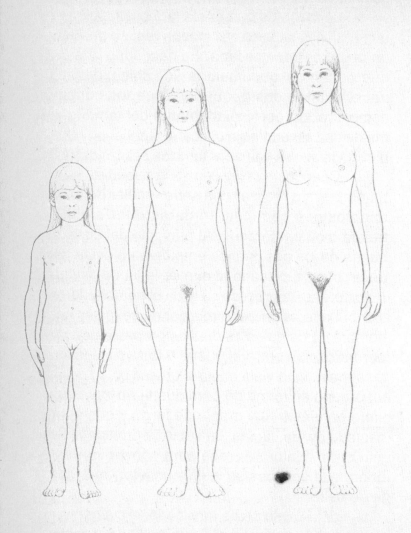

da. Esto se junta en la parte inferior del útero y luego se vierte en la vagina. Ésta es la menstruación.

Después vuelve a empezar todo el ciclo y la cubierta se reconstruye sólo para desintegrarse otra vez. Por cierto, mientras que una misma mujer generalmente presenta ciclos de igual duración, el proceso varía de mujer a mujer. Dura entre veinte y cuarenta días; el ciclo promedio es de veintiocho días.

Cada niña empieza a menstruar o tener períodos a una edad diferente. El hecho ocurre generalmente entre los diez y los diecisiete años; la mayoría lo presenta entre los doce y los quince. En ocasiones, una chica puede tener su primer período y después no tener otro durante varios meses. Otras chicas tienen su segunda menstruación dos semanas después de la primera. La mayoría se dará cuenta de que, después de dos o tres años de haber empezado a menstruar, sus períodos llegarán en forma muy regular.

Algunas veces, una mujer notará que, aunque sea el momento indicado para tener la menstruación, ésta no se presenta. Todo puede deberse a varias razones, que incluyen estrés, pérdida o aumento de mucho peso o embarazo (si una mujer está embarazada, entonces el huevo fertilizado necesita la cubierta del útero y ésta permanece en el cuerpo). De otro modo, el proceso regular continuará hasta que la mujer tenga entre 45 y 55 años. En esta época es cuando el cuerpo experimenta la menopausia, otra serie de cambios. Uno de ellos es el final de la menstruación, lo que significa que una mujer ya no podrá quedar embarazada.

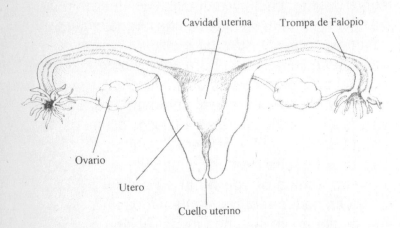

Cavidad uterina

Trompa de Falopio

Ovario

Utero

Cuello uterino

Durante la menstruación, la sangre y el tejido deben ser absorbidos por un tampón o una toalla sanitaria. Debes haber oído hablar sobre estos artículos. Un tampón es un tapón que se acomoda dentro de la vagina. Aprender a insertarlo requiere algo de práctica, pero, una vez que la adquieres, es fácil hacerlo. Las toallas sanitarias son almohadillas que tienen adhesivo en un lado para que se peguen a la pantaleta. Ya sea que utilices toallas sanitarias o tampones durante tu período, debes cambiarlos varias veces durante el día.

¿Qué debes usar? Bueno, *no* es verdad lo que piensan algunas personas acerca de que las niñas no deben utilizar los tampones porque romperían el *himen*. En realidad, éste deja una abertura lo suficientemente grande para que puedas acomodar un tampón. Además, éste presenta una gran ventaja sobre las toallas sanitarias: ¡Puedes nadar con él! Pero todo es cuestión de elección personal. Tu mamá, parientes o amigas pueden decirte qué marcas prefieren y ayudarte para aprender a usarlos.

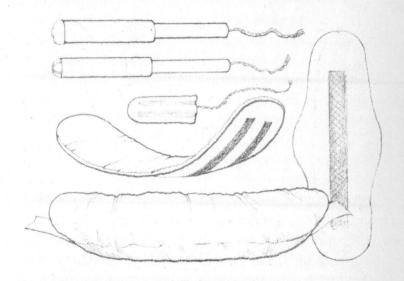

El comienzo de la menstruación es un gran momento en la vida de una chica y, como es natural, las niñas reaccionan a ella en forma emotiva. Algunas no pueden esperar más a que empiecen sus períodos. Otras se preocupan por saber cómo será. Quizá hayan escuchado que sus amigas se refieren a la menstruación como "la maldición" —una expresión absurda que no tiene fundamento. También es probable que hayan oído algunos de los mitos en los que la gente solía creer: que la sangre viene del cerebro, significando que las niñas y las mujeres no pueden pensar bien durante esos días; o cosas realmente locas. Por ejemplo, que si alguien come un alimento cocinado por una mujer que esté menstruando, se enfermará. También es posible que las chicas sientan temor por un cambio tan grande.

Yo sé exactamente cómo se sienten esas niñas: cuando se está acostumbrada a ser una niñita, no es fácil convertirse de repente en una mujer. No ha pasado mucho tiempo desde que eras un bebé, y ahora podrías tener uno. Sólo recuerda que el hecho de que empieces a menstruar no quiere decir que seas una mujer adulta. Todavía eres una niña y puedes actuar con inocencia, jugar con muñecas y llorar en ocasiones.

Algunas chicas tienen miedo de que sus períodos sean dolorosos. Y es verdad que algunas de ellas siente cólicos durante la regla, una sensación que puede ir desde un ligero dolor de estómago hasta otro más agudo. Hay niñas y mujeres que sufren dolores de cabeza, de espalda o náuseas. Otras no sienten ningún malestar y tal vez incluso se sientan mejor y con más energía de la normal mientras están menstruando. Y si los cólicos son un problema, existen medicamentos que pueden ayudar. Tu médico puede recomendártelos.

Algunas niñas y mujeres experimentan cambios de humor durante la regla, otras no. Otra cosa importante que debes recordar es que nadie podrá indicarte cuándo estás menstruando. Por lo general, el primer período es muy ligero y tendrás una sensación de humedad antes de que exista una verdadera secreción. De manera que, si te encuentras con un grupo de personas, tendrás tiempo suficiente para disculparte e ir al baño por una toalla sanitaria. (Si no tienes una en ese momento, simplemente coloca papel higiénico en tu pantaleta.) A partir de entonces, fluirá más líquido pero no en gran cantidad. El flujo total durante el transcurso del período nunca excede a cuatro cucharadas aproximadamente.

Además, recuerda que una chica podrá prever el momento del mes en que se presentará la menstruación. Tan pronto como ésta empiece, puede usar una toalla sanitaria o un tampón y continuar todas sus actividades normales.

Cuando yo era niña, todo esto era diferente. Los tampones todavía no se habían inventado y en el orfanatorio en el que yo vivía en Suiza no teníamos toallas sanitarias desechables. Así es que utilizábamos unas improvisadas con tela y teníamos que lavarlas a mano todas las noches. Cuando yo estaba menstruando, *no podía* ir a nadar con todos los demás chicos. A veces los niños se burlaban de mí por eso. Estoy segura de que, con frecuencia, tus padres te dicen que las cosas eran más difíciles cuando ellos eran jóvenes. Bueno, en este caso ¡para mí sí lo fueron!

¿A quién debes decirle cuando empieces a

menstruar? Eso es decisión tuya. Algunas chicas quieren contárselo a toda la gente que conocen. Otras sólo a sus madres. Mi consejo es que se lo cuentes a *alguien*; si no es a tu mamá, entonces a tu hermana mayor, a la enfermera de la escuela o a una tía por la que sientas preferencia. Ellas pasaron exactamente por lo mismo y seguramente tendrán para ti unas palabras que te ayudarán. Además, todo lo que la regla significa es que estás creciendo —buenas noticias que serías muy egoísta si las guardaras para ti sola. Quizá hasta quieras organizar una fiesta en tu honor.

Después de que una niña comienza a menstruar, debe ver al *ginecólogo* por lo menos una vez al año. Éste es un médico que se especializa en las condiciones que rodean a los órganos sexuales femeninos. Él o ella, por lo general, examina la vagina con un instrumento llamado *espéculo*. El examen no es la experiencia más agradable del mundo, pero tampoco es tan terrible; y si aprendes a relajarte, por medio de respiraciones profundas por ejemplo, será mucho más cómodo que si tus músculos están tensos y endurecidos. Una mujer sigue consultando al ginecólogo durante toda su vida y es muy importante que se establezca una buena relación entre médico y paciente. Si no te agrada tu ginecólogo o no confías en él, confíalo a tus padres. Ellos te ayudarán a encontrar a alguien más.

Cambios durante la pubertad: niños

Debo admitir que no tengo experiencias personales en cuanto a los cambios por los que pasan los niños. Pero he estado casada durante 30 años y tengo un hijo de 28. De manera que conozco algo sobre el hombre cuando es niño, adolescente y adulto.

En promedio, los niños llegan a la pubertad a una edad más avanzada que las niñas: alrededor de dos años después. Los primeros cambios que notarás tendrán lugar en tus genitales, el área que rodea al pene. En algún momento entre los 10 y los 15 años, verás que los testículos y el escroto crecen y que el vello púbico empieza a salir en la zona de arriba del pene y a ambos lados de éste. Después de un año más o menos, el pene en sí empezará a crecer y la mayor parte de los niños se dará cuenta de que, casi al mismo tiempo, ellos aumentarán alrededor de cinco centímetros de estatura.

También se encontrarán con que tienen más erecciones de las que solían experimentar. Algunas veces tienen una cuando piensan en besar a una chica (o cuando la besan); tal vez la experimenten al sentirse nerviosos o emocionados; quizá cuando están sentados en una posición incómoda; y tal vez la tenga sin que exista ninguna razón. Por lo general, las erecciones desaparecen después de unos minutos. Esto representa un problema sólo cuando en esos momentos estás en clase y tienes que pasar al pizarrón.

¿Qué debes hacer? Bueno, no hay mucho que *puedas* hacer. El pánico que sientes cuando escuchas tu nombre quizá haga que la erección termine por sí sola. Tal vez desaparecerá si piensas en algo realmente desagradable. De cualquier forma, recuerda que esto no será tan notorio (ni *incómodo*) si utilizas pantalones holgados. Ten en mente que el maestro —o maestra— ha visto estas situaciones docenas de veces anteriormente y que, no importa cuánto pienses en lo que está sucediendo más abajo de tu cinturón, tus compañeros no tienen ninguna razón para mirar hacia esa parte de tu cuerpo, y probablemente ni siquiera lo notarán.

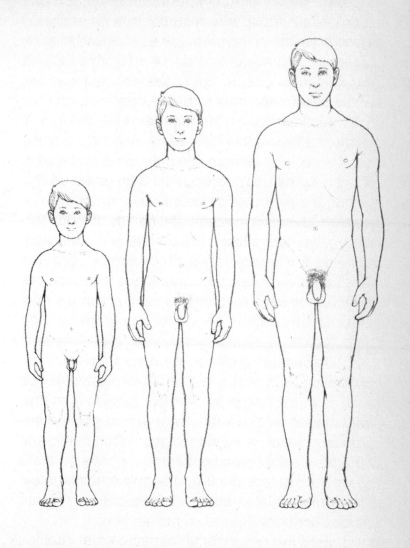

Todos los niños experimentan estos cambios, pero es importante recordar que no existe un tiempo preestablecido para que esas novedades se presenten. Algunos chicos de 14 o 15 años todavía no tienen vello púbico. En ocasiones, estos niños que se desarrollan más tarde se sienten apenados en los vestidores o en las regaderas del colegio. Y con mucha frecuencia los que se dicen sus amigos los hacen que se sientan aún peor. En el hogar para niños en Suiza, una vez escuché a un grupo de chicos burlándose de otro que se encontraba en esta situación. Desafortunadamente, no hay ninguna forma de responder a una crueldad absurda como ésa. Recuerda que es sólo cuestión de tiempo para que estés en las mismas condiciones que todos los demás; cuando esos muchachos sean personas más maduras, se sentirán apenados por la manera en que actuaron.

De cualquier forma, los chicos se sienten orgullosos por sus penes recién desarrollados. A esa edad, en ocasiones se reúnen por parejas o en grupos y juegan a "Yo te mostraré el mío y tu me enseñarás el tuyo". A veces incluso se tocan el pene uno a otro. No existe absolutamente nada de malo en ello y *no* quiere decir que sean *homosexuales.* (Los homosexuales son personas que se sienten atraídas por personas de su mismo sexo.)

Esto me recuerda un aspecto en el cual los niños son tan absurdos como las niñas. De la misma forma en que las chicas se preocupan por el tamaño y forma de sus senos, muchos chicos se angustian por el tamaño y forma de su pene. Una vez más, no hay razón para preocuparse. El tamaño promedio del pene de un hombre adulto es entre siete y 10 centímetros de largo, pero muchos son más cortos o más largos. Algunos son gruesos, otros más delgados. Algunos son rectos, otros se inclinan ligeramente hacia uno u otro lado. De modo que, como quiera que sea el tuyo, es normal. Y cuando llegue el momento de tener relaciones sexuales, el tamaño del pene no tiene nada que ver con lo "bueno" que seas; esto tiene tan poca importancia como el tamaño de tu dedo.

Y hablando de tu dedo, si crees que tu pene es demasiado pequeño, quizá tus ojos te estén engañando. Aquí te presento un experimento que te demuestra lo que digo. Ponte de pie con el brazo derecho recto y hacia abajo, señala el pie derecho con el índice. Ahora ve tu dedo. ¿No parece más corto de lo que en realidad es? Esto se debe a una ilusión óptica llamada *escorzo*. Lo mismo sucede cuando ves tu pene desde arriba. Para que tengas una mejor idea de su tamaño, míralo de cuerpo completo en un espejo. Te apuesto a que te sorprenderás.

¿Listo para más cambios? Alrededor de un año después de que el vello púbico empiece a salir, la laringe, conocida también como caja de la voz, empezará a expandirse hacia la parte interior de la garganta. ¿Sabes cómo suena un gran tambor grave en comparación con un tambor militar pequeño? Bueno, conforme tu caja de la voz se agrande, tu voz se hará más profunda y más grave, para parecerse más al tambor bajo.

Tengo la seguridad de que estarás encantado con tu nueva voz. Pero las etapas intermedias no son tan agradables: tu voz se cortará y crujirá y no podrás predecir cuándo será grave y cuándo aguda. Uno de los amigos de mi hijo tuvo que participar en la clase de historia en una ocasión. La respuesta a la pregunta que le hicieron era "guerra de Troya" y pronunció "guerra" con voz grave y "Troya" con una aguda y chillona. Eso debe haber sucedido hace diez años, pero cuando mi hijo y sus amigos se reúnen, todo lo que tienen que decir es "guerra de Troya" y todos se ríen.

Más o menos un año después de que tu voz empieza a cambiar, te darás cuenta de que el vello comienza a crecer en las axilas y arriba del labio superior. En nuestra cultura, los chicos no se afeitan las axilas. De hecho, no creo que los niños hagan esto en *ningún* país. De modo que no tienes nada por qué preocuparte en este aspecto.

Pero los chicos *sí* se afeitan el rostro. (Es cierto, muchos hombres llevan barba completa, pero no los niños de secundaria.) Y cuando aparece la primera "peluza", es el momento de comenzar a afeitarse. Yo sé que algunos chicos se sienten apenados por ello. Se deslizan a escondidas al cuarto de baño para usar los rastrillos de su padre o compran los suyos y los esconden en su habitación. No tiene ningún sentido ocultarse, la primera vez que se afeitan debe ser motivo de celebración. Esto demuestra que un niño está creciendo.

Entonces esto es lo que debes hacer: cuando en la parte superior de tus labios empiece a crecer la peluza, anúncialo con aplomo a tus padres. Dile a tu papá que necesitas un rastrillo y que te enseñe cómo usarlo. Si tu papá no está cerca, tu mamá también puede enseñarte la forma correcta de hacerlo. Créeme que tus padres te agradecerán por romper las barreras. Quizás hasta deseen organizar una fiesta para celebrar, invitar a los parientes y grabar todo en una cinta de video.

El vello corporal seguirá tupiéndose durante los próximos años, y posiblemente cuando llegues a los 20 no será sólo en las axilas y el rostro, sino también en el pecho, los brazos y las piernas. Igual que con todo lo demás, no existe una cantidad "normal" de vello corporal. Algunos hombres son casi lampiños; pero otros tienen vello en todas partes, a excepción de las palmas de las manos y las plantas de los pies.

Mientras todos estos cambios tienen lugar, también suceden muchas cosas en el interior de tu cuerpo. Lo más importante es que éste empieza a producir espermatozoides, unas células diminutas que intentan unirse al óvulo femenino después del coito para crear un feto. Cuando llegas a la pubertad, tus testículos empiezan a elaborar y almacenar millones de espermatozoides.

Durante todo el tiempo, los testículos siguen produciéndolos, hasta que ya no hay lugar para ellos. Deben ser liberados y así sucede. Se mezclan con un líquido lechoso para formar el *semen* y la mezcla, que tiene el volumen de una cucharadita aproximadamente, sale por el pene, a través del mismo orificio por el que orinas. A esto se le llama *eyaculación* y por lo general tiene lugar cuando el pene está erecto.

¿Cuándo eyacula un hombre? Puede hacerlo cuando tiene una relación sexual mientras su pene está dentro de la vagina de la mujer. Así es como el espermatozoide fecunda al óvulo. Normalmente, la eyaculación tiene lugar al mismo tiempo que el *orgasmo,* llamado también clímax. Es una sensación muy intensa y placentera y consiste en la liberación de la tensión sexual. El hecho dura algunos segundos.

En los niños y los hombres existen otras dos posibilidades para eyacular. La primera es durante la *masturbación*. Masturbarse quiere decir tocar o frotar el pene en forma que ofrezca placer. (Las niñas también se masturban, generalmente frotando el clítoris o tocando el área que rodea a la vagina, o dentro de ésta, hasta tener un orgasmo.) Muchos chicos se masturban a una edad temprana sin eyacular. Si hacen esto después de la pubertad, pueden tener una eyaculación.

La otra posibilidad, que quizás sea más común, es que eyacules mientras duermes, cuando tienes una *efusión nocturna*, en ocasiones conocida como "sueño húmedo". (*Nocturna* significa relacionada con la noche. *Efusión* quiere decir una descarga de algo.) Tal vez estés soñando al mismo tiempo y el sueño podría tener que ver algo con el sexo o no. Es posible que no te des cuenta de que estás soñando. En cualquier caso, por lo general despiertas un poco después de la efusión y notas que las sábanas o tu pijama están húmedas. Después de una hora aproximadamente, las manchas húmedas se endurecen y dejan una ligera marca.

Algún tiempo después, si no te has masturbado o no has tenido otra eyaculación por alguna otra razón, probablemente experimentarás otra efusión nocturna. Y el proceso continuará durante el resto de tu vida.

Un sueño húmedo puede ser atemorizante, sobre todo la primera vez que sucede. Algunos niños piensan que se orinaron en la cama. Otros se sienten avergonzados. Esto no tiene sentido. Todos los chicos experimentan sueños húmedos. Tus padres saben todo acerca de ellos, sobre todo tu papá. Cualquier mancha que deje la efusión nocturna se puede lavar con facilidad. Aun cuando no desearas tener este tipo de efusiones, no hay nada en absoluto que puedas hacer para prevenirlas.

Desafortunadamente, la mayor parte de los niños no se da cuenta de esto. Uno de los chicos que estaba conmigo en el hogar para niños me contó años después, cuando ya ambos éramos adultos, que cada vez que experimentaba un sueño húmedo cuando tenía 14 años, pensaba que se había orinado. A escondidas, llevaba a la lavandería sus sábanas y las lavaba él mismo. Cuando llegó a los 20, me dijo, decidió que se aseguraría de que ninguno de sus hijos tuviera los mismos temores. Hizo lo que debía; mi amigo tuvo un hijo que, cuando cumplió los 10 años, ya estaba esperando su primer sueño húmedo.

Algunos niños se preocupan por el hecho de que la orina y el semen salgan por el mismo lugar. ¿Alguna vez podrán hacerlo al mismo tiempo? ¿Alguna vez orinas justo cuando vas a eyacular?

No y no. Cuando estás a punto de eyacular, una válvula especial en el exterior de la vejiga, que es donde se almacena la orina, se cierra para que ésta no pueda salir.

No creo que algún día pueda acostumbrarme a lo sorprendente que es el organismo.

Niños y niñas: piel

Todos sudamos, incluso los bebés. Pero cuando llegues a la pubertad, probablemente notarás que transpiras más. Esto no es sólo porque los adolescentes se den más cuenta de *todo.* También se debe a que las glándulas sudoríparas que todos tenemos bajo la piel se vuelven más activas en esta etapa; sobre todo en las axilas, alrededor de los genitales y en manos y pies, en especial cuando la persona está nerviosa o excitada.

Entonces, ¿cuál es el problema? Bueno, ¿conoces esos anuncios sobre desodorantes que pasan por TV? La razón por la que existen es que cuando el sudor permanece en las axilas durante mucho tiempo produce un olor desagradable para mucha gente.

Si te preocupa el olor de tu cuerpo, aquí hay algunas cosas que puedes hacer. Primero que nada, dúchate o báñate en forma regular. Segundo, ponte ropa recién lavada. Tercero, usa ropa interior y camisetas de algodón, ya que este material es más absorbente que las fibras sintéticas. Y, por último, utiliza un desodorante si crees necesitarlo. Compra el que te parezca que huele mejor. Todos son casi iguales.

Así como las glándulas sudoríparas empiezan a trabajar tiempo extra, también lo hacen las glándulas sebáceas, que están localizadas debajo de la piel. Tu piel y cuero cabelludo se harán más sebosos y quizás aparezca el *acné* en varias partes del cuerpo. Están más expuestos a esta molestia el rostro, el pecho y la espalda. El acné es una condición de la piel que normalmente comprende barros, puntos negros y blancos, y que se presenta cuando los poros se bloquean con una sustancia producida por las glándulas sebáceas llamada *sebo.*

El acné es muy molesto. No sólo porque puede doler, sino porque quizá sea embarazoso. Desafortunadamente, ocho de cada 10 adolescentes lo presentan en cierto grado y, si tú eres uno de estos ocho, no hay nada que puedas hacer para combatirlo.

La gente solía creer que determinados alimentos —chocolate, mariscos, comida frita— provocaban la salida del acné; pero en la actualidad los doctores no están seguros de ello. De lo que sí *están* seguros es de que no es causado por la masturbación; y saben que el lavado constante ayuda a eliminar los aceites que contribuyen a formar el acné.

Quizá de momento no sea un gran consuelo, pero trata de recordar que el acné es sólo una etapa transitoria: cuando la mayor parte de las personas llega a la mitad o al final de la adolescencia la molestia desaparece.

Si sufres un caso grave de acné, tal vez quieras consultar a un *dermatólogo*, un médico que se especializa en enfermedades de la piel. Él o ella te puede recetar algunos medicamentos que te serán de ayuda. Por ejemplo, la *tetraciclina* combate las infecciones que, con frecuencia, se originan en poros obstruidos y detiene la producción excesiva de sebo. Quizá el doctor también te recete una crema con *ácido retinoico,* que puede limpiar el acné facial.

Capítulo 2

Tus sentimientos

Cuando mi hija tenía 10 u 11 años, ella y yo protagonizamos una pelea muy fuerte. En realidad no recuerdo cuál fue la razón. Yo creo que quizá quería comprarse cierto vestido y yo pensaba que no era apropiado para una niña de su edad. De cualquier manera, se azotaron puertas y se elevaron las voces por todas partes. Esa noche hablé por teléfono con una amiga mía y le dije: "Yo creo que está en la edad 'difícil'".

Mi amiga me dijo: "Ruth, de ahora en adelante todas las edades serán difíciles".

Tenía razón.

Entre los ocho y nueve años, los niños empiezan el lento proceso de convertirse en adultos. *Nunca* es fácil realizar ese gran cambio y a lo largo del camino existirán muchos momentos difíciles, momentos en los que te sientes enojado o triste, en los que nadie te agrada, incluyéndote a tí mismo. Tal vez te ayude darte cuenta de que no eres el único que se siente de esa manera.

Amigos

¿Tienes un amigo al que consideres el mejor? ¿Alguien con quien pasas horas y horas, a quien le cuentas todo, con quien compartes secretos y bromas privadas? Si es así, tienes suerte. También debes saber que no todas las amistades son duraderas. Cuando los chicos empiezan a acercarse a la adolescencia, comienzan a desarrollar toda clase de intereses nuevos. Algunas veces incluso parecen adquirir una nueva personalidad. De repente ya no tienen tanto en común con la persona que solía ser casi como su hermano gemelo.

Tengo una amiga más joven, que ahora cursa los 30 años. Se llama Debbie. Cuando estaba creciendo, vivía a la vuelta de su casa una chica que se llamaba Bárbara. Tan pronto como dejaron

los pañales, empezaron a hacer todo juntas. Inventaban historias sobre brujas y hadas en un bosque cercano, se unieron a las Niñas Exploradoras y jugueteaban alegres alrededor del guía de la tropa y se pusieron entre ellas nombres secretos.

Después, en forma repentina, a los 14 años Debbie empezó a sentir gran interés por los chicos. Siempre quería maquillarse e ir al centro comercial, donde a muchos jóvenes bien parecidos les gustaba pasear. Eso a Bárbara no le parecía muy divertido. *Ella* se interesaba en la escuela y prefería quedarse en casa a leer un buen libro. Existían otras chicas a las que les gustaba ir al centro comercial y otras que preferían leer, de modo que Bárbara y Debbie formaron un nuevo grupo de amigas cada una.

Cuando se encontraban en los pasillos de la secundaria y la preparatoria se saludaban con un movimiento de cabeza y sonreían; en ocasiones charlaban un poco, pero la antigua cercanía había desaparecido. Cada una había pasado a nuevas etapas de la vida.

Pero tengo que contarte el final de la historia. En los últimos años, Bárbara y Debbie se han acercado una vez más. Ambas tienen hijos y Debbie, quien se fue a vivir a otra ciudad al terminar la universidad, se asegura de visitar a Bárbara y a su familia cada año al ir a su ciudad natal. Incluso le pidió a Bárbara que fuera la madrina de su hija que tiene un año.

Por cierto, esto es más probable que suceda si tu mejor amigo o amiga es del sexo opuesto. Cuando los niños son muy pequeños, los chicos son amigos de las chicas y viceversa, y a nadie parece importarle. Pero llega un momento en el que *todos* parecen comprender que esto debe cambiar. Recuerdo cuando mi hijo tenía nueve años. Siempre había jugado con niñas, pero repentinamente ya no quería que lo vieran con ellas. Un día que salimos a caminar, insistió en que nos cruzáramos del otro lado de la calle porque vio a una chica que conocía dirigiéndose hacia nosotros.

¡Y pobre del chico valiente al que le guste jugar con muñecas o de la niña que enceste pelotas

con los niños! La gente dirá que el niño es un "mari-
quita" y la niña un "marimacho".

Una de las razones por las que los chicos
llaman a otros con adjetivos como éstos es que quizá estén celosos. Han empezado a sentirse muy in-
teresados en el sexo opuesto, pero tienen miedo de
hacer algo al respecto, de modo que se quedan
con los de su género. Si tú eres uno de los que son
llamados "mariquitas" o "marimachos", sólo recuerda que a quien te dice así le encantaría estar
en tus zapatos.

Alrededor de los 11 o 12 años, niños y niñas
empiezan a andar juntos en grupos. Hay fiestas,
novilladas y encuentros inesperados en centros
comunitarios, en las esquinas de las calles o en
centros comerciales. Esta es la mejor forma de empezar a salir con chicos o chicas y de establecer las
relaciones más serias que vendrán más adelante.

Pero los grupos tienen sus propios riesgos.
Algunas veces se forman pandillas, pequeños grupos de chicos y chicas que parecen creer que, además de ellos, no existe nadie más en el mundo Si
en tu escuela hay una de la que te encantaría formar parte pero no parece aceptarte, mi consejo es
que lo olvides. Seguramente habrá otro grupo de
niños que te apreciarán. Encontrarás esto mucho
más divertido que lamentarte por no pertenecer a
ninguna pandilla en especial.

Otro problema que resulta de que los chicos
se reúnan en grupos son los rumores. Cuando es-

taba en el hogar para niños en Suiza, tenía un amigo que se llamaba Walter. Un día me di cuenta de que los demás decían que yo me había desvestido enfrente de él. Esto no era cierto y estaba muy enojada. Lo peor era que entre más lo negaba, todos parecían creerlo más. Finalmente, decidí ignorar el rumor. ¿Y sabes qué? Fue entonces cuando dejé de escucharlo. De modo que recuerda no tomar en cuenta a los chicos que inventan chismes y los propagan. ¡Esto funciona!

Los grupos también son responsables de lo que llamamos *presión de los amigos*. Probablemente hayas escuchado esta expresión, los adultos parecen culparla de todos los errores de los niños. El hecho es que cuando alguien de tu grupo te presione a hacer algo que en el fondo no deseas hacer, cuando te dicen que eres un "gallina" si no lo realizas, es *difícil* decir que no. Todos queremos ser aceptados y en ocasiones parece que la única manera es seguir al grupo.

Todo lo que te puedo decir sobre la respuesta que debes dar a la presión de los amigos es que *trates* de escuchar a tu conciencia, sobre todo cuando te presionan para que hagas algo que puede ser muy dañino para ti, como beber alcohol o consumir drogas. Quizá te ayude hablar con alguien sobre esto. Si no crees que tus padres lo comprendan, intenta hacerlo con un hermano o hermana mayor, o quizá con una tía o tío.

Al hablar sobre la amistad *tengo* que hacer

referencia al teléfono. Forma una parte tan importante en la vida de los chicos de hoy que no me imagino cómo pudieron existir las amistades cuando yo era joven. Cuando mi hija tenía 12 años, me parecía que pasaba en el teléfono cada minuto del tiempo que permanecía despierta. Y si hubiera podido hablar por él mientras dormía, lo hubiera hecho.

¿Qué sucedía si alguien intentaba llamarnos para darnos alguna noticia importante? No lo hubiera podido hacer porque mi hija tenía la línea ocupada. Pero se rehusaba a colgar. Con frecuencia teníamos discusiones agobiantes e interminables; finalmente, ideé una solución. En su cumpleaños número 13 le regalamos su propia línea telefónica y de repente volvimos a ser una gran familia feliz.

Ahora, es posible que tus padres no puedan comprarte una línea propia. De cualquier forma, trata de explicarles que necesitas llamar a tus amigos, e intenta entender que en ocasiones tus padres necesitan llamar a los *suyos*.

Estados de ánimo

Cuando eras un bebé muy pequeño, en realidad no tenías estados de ánimo. Desde luego, podías sentirte irritable y llorar hasta que se te acabaran los ojos, pero cinco minutos después te daban un juguete nuevo y olvidabas todo aquello que te había molestado.

Conforme fuiste creciendo, tus sentimientos

—a los que llamamos *emociones*— se fueron volviendo más fuertes. Ahora puedes estar deprimido durante varios días consecutivos o ser más feliz que nunca. No siempre lo considerarás así, pero ésta es una de las cosas bonitas durante el crecimiento. Incluso los adultos no tienen sentimientos tan intensos como los adolescentes y muchos de ellos desearían tenerlos. Yo sé que pienso con cariño en los días en los que todo lo que me sucedía parecía ser tan importante.

Desde luego que no es fácil manejar los malos sentimientos como celos, inseguridad, enojo o simplemente tristeza. Pero siempre ayuda hablar sobre ellos, ya sea con un amigo o con un adulto en quienes puedas confiar.

Habrá algunas cosas de las que creerás que no puedes hablar con *nadie*. Aquí es donde surgen los diarios. Estoy de parte del diario, un libro especial y secreto que es todo tuyo, en el que puedes escribir todo lo que esté en tu mente. Yo empecé a llevar uno cuando fui por primera vez al hogar para niños, y todavía lo sigo enriqueciendo.

Ahora, cuando lo leo, me sorprendo de lo absurda que fui en ocasiones. Por ejemplo, un día, cuando tenía 13 años, escribí: "Soy fea, soy tonta. ¿Qué va a ser de mí? ¿Qué derecho tengo de estar viva? ...Soy algo falso, vacío y superficial".

Debo haber pensado que era el fin del mundo. Pero entonces, un par de páginas más adelante, después de que empecé a salir con Walter, copié

esta frase de una novela que estaba leyendo: "Qué bello fue. ¿Puede algo tan maravilloso ser un pecado? Nos besamos por primera vez y luego ninguno de los dos supimos cómo sucedió. Fue un hermoso secreto y permanecerá así durante toda la vida".

De manera que recuerda: ningún mal sentimiento dura para siempre.

Pero a veces estos sentimientos permanecen más tiempo y son más dolorosos de lo que los chicos creen poder soportar. En ocasiones puede parecer que la vida ya no vale la pena. Si alguna vez te has sentido así, te aconsejaría que hablaras con una persona que se dedique a ayudar a la gente con problemas. Puede ser un terapeuta, un psicólogo, un trabajador social o un consejero. Tu mamá, tu papá, alguien más de la familia en quien confíes, tu maestra o un consejero escolar pueden ayudarte a encontrar uno. Si no crees poder hablar con ellos sobre esto, incluso puedes buscar en "psicólogos" en la sección amarilla del directorio telefónico.

Al hablar sobre sentimientos, tengo que hacer referencia a aquel que puede ser el peor de todos para los niños: la vergüenza. Conforme creces, te das cuenta de que te avergüenzas con más facilidad. Si cometes un error, dices algo que consideras absurdo; si alguien se burla de ti, si alguno de tus padres está a punto de decir *una cosa* frente a tus amigos, quizá sientes que te sonrojas y te das cuenta de que no sabes qué decir.

Siento mucho advertírtelo, pero no hay forma de evitar la vergüenza. Sólo recuerda: los chicos a veces sienten que *todos* los miran o piensan en ellos y por eso se avergüenzan. Pero no es cierto. La mayor parte del tiempo, la gente se preocupa por sus *propios* problemas y ni siquiera se dan cuenta de lo que haces.

Ten la seguridad de que nadie *siente* las cosas tan intensamente como los adolescentes. Entre más se acercan al final de la adolescencia, piensan con menos frecuencia que su mundo se termina. Recordar esto quizá te ofrezca un poco de comodidad al enfrentarte a tus últimas crisis.

Privacía

Es importante para ti tener algún lugar adónde ir, en el que te encuentres absolutamente solo, donde nadie pueda molestarte o ver lo que haces. Si no lo tienes, probablemente podrás encontrarlo dentro de poco tiempo. Si eres niña y solías bañarte con tu hermanito, de repente ya no desearás hacerlo. Si nunca te había gustado estar a solas en tu habitación, ahora habrá ocasiones en las que no puedas pensar estar con alguien más. Esta necesidad de privacía la tiene la mayor parte de los adolescentes y los adultos.

Hay muchas cosas por las que los chicos necesitan de ella. Por ejemplo, practicar los pasos del baile de moda frente a un espejo. O escribir en un diario. O hablar por teléfono con un amigo. O quizá sólo estar recostado y pensar.

Si tienes una habitación propia, asegúrate de que tus padres comprendan que es *tuya*. Cuando la puerta esté cerrada, deben tocar antes de entrar. Tal vez a algunos papás les cueste trabajo entenderlo. Para dejar las cosas claras, elabora un letrero de "No Molestar" con cartón e hilo y cuélgalo en el picaporte de la puerta.

Si compartes tu cuarto con un hermano o hermana, quizá debas irte al baño y cerrar la puerta con llave para tener privacía. O podrías acondicionar un lugar en el sótano o en el ático e irte ahí siempre que desees estar a solas.

Autoimagen

Conforme los niños se acercan a la edad de la pubertad, con frecuencia comienzan a reflexionar mucho sobre su cuerpo. Piensan en lo que han cambiado y en lo maravilloso que se ha vuelto su cuerpo.

Pero a veces también opinan que su cuerpo no es tan grandioso. Cuando estaba en el hogar para niños, me consideraba demasiado bajita y fea. Me sentía mal porque sabía que nunca iba a parecerme a Shirley Temple, una joven estrella de cine que tenía casi mi misma edad y se había dedicado a la actuación desde que era muy pequeña.

Si entonces hubiera sabido lo que sé ahora,

¡qué me veía bien! *Debí* haber comprendido que a Walter yo le gustaba y él era un chico inteligente. Pero yo estaba convencida de que no era atractiva y me tomó muchos años aprender lo contrario.

Este es mi consejo para ti: cuando estés a solas en tu habitación mírate al espejo con detenimiento. Incluso puedes quitarte toda la ropa si lo deseas. Sonríe. Ofrece al espejo tu mirada más atractiva y sexy. Y luego haz que te agrade lo que ves. Después centra tu atención en la que creas que es tu mejor cualidad, quizá tu nariz. Di: "¡Qué bella nariz tengo!" Quizá te parezca absurdo, pero creo que te sorprenderá saber lo poderoso que puede ser el pensamiento positivo.

Muchos chicos, en especial las niñas, piensan que están demasiado gordos. Las posibilidades son de que no lo estés. Pero, si en verdad quieres perder peso, pide a tus padres que te hagan una cita con un médico que pueda indicarte la mejor forma para conseguirlo. Las chicas que piensan demasiado en perder peso en ocasiones llegan a preocuparse tanto que nunca quieren comer nada. A esto se le da el nombre de *anorexia*. Quizá coman, pero luego se provocan el vómito. A esto se le conoce como *bulimia*. Ambas conductas son muy peligrosas y nada saludables. Si alguna vez te das cuenta de que actúas en esta forma, por favor habla sobre ello con un adulto en quien confíes.

Cuando los chicos llegan a la pubertad, con frecuencia se sienten encantados de poder desa-

rrollar los músculos. Levantan pesas y hacen ejercicio y la pasan muy bien caminando por ahí sin playera. Si esto es lo que te gusta hacer, ¡te digo que lo disfrutes!

Al tratar de saber cómo se pueden ver mejor, los niños realizan muchos experimentos con el cabello y la ropa. Esta es una parte normal y saludable del crecimiento, pero permite que te dé un consejo: si haces algo que no te es posible deshacer, o por lo menos después de un tiempo no muy largo, puedes arrepentirte.

Aun el corte *punk* más salvaje con el *look* más dinámico puede verse casi normal después de un buen champú y de peinarlo bien. Pero si te tiñes el cabello de morado, te quedarás con el pelo de este color durante meses. Sería mejor utilizar un tinte que se quite al lavarlo. Y en verdad te aconsejo que no te hagas nada que sea permanente, como un tatuaje o una perforación en la nariz. Tal vez de momento te parezca divertido, pero te apuesto que en el futuro te vas a arrepentir.

La ropa es *muy, muy* importante para los chicos de tu edad. Crees que debes tener los pantalones y el suéter correctos, sin importar lo que cuesten. Sé esto porque lo veo. Pero me costó mucho trabajo entenderlo, porque en el hogar para niños todos usábamos lo mismo: un uniforme. Por cierto, estoy a favor de que los chicos vayan a la escuela con uniforme. Esto elimina mucha competencia absurda y ahorra mucho dinero a los padres.

Pero el guardarropa de un chico es algo que se debe decidir entre él y sus padres. Si puedes convencer a tus papás de que te compren lo que quieras o si deseas gastar tu propio dinero en eso, está bien por ti.

Padres

Te apuesto a que, por lo menos, tuviste una pelea con tus papás durante la semana pasada. Si no, ¡probablemente la tendrás esta noche!

Estoy bromeando, pero es verdad que, conforme los niños y niñas se acercan a la adolescencia, con frecuencia existe mucha tensión entre ellos y sus padres. Esto es natural. Los chicos cambian tan rápido que sus papás no siempre saben cómo reaccionar ante ellos.

Normalmente, las causas de esta tensión son las siguientes: al padre o a la madre no le gusta la ropa, el corte de cabello o el maquillaje que usa su hijo o hija. El chico quiere llegar más tarde de la hora que sus padres le indican, o salir con determinadas personas a un lugar que ellos no consideran seguro o apropiado. Los padres creen que la habitación de su hijo (a) está muy desordenada. Éste no ha obtenido las calificaciones que esperan. (Conozco estos puntos de conflicto muy bien porque luché por cada uno de ellos con mi hijo y mi hija.)

Entre los chicos que intentan establecer su individualidad y los padres que se responsabilizan de ellos, los conflictos son inevitables. Pero bien o mal se pueden manejar. Chicos, me gustaría pedirles que me hagan un favor y traten de comprender el punto de vista de sus padres. En verdad velan por los intereses de ustedes aun cuando en ocasiones no lo parezca.

Y aquí les doy un consejo importante: en lugar de mentir a sus padres, intenten enfrentarse al conflicto. La mentira sólo puede llevar a un problema a largo plazo. La mayor parte de las veces serán descubiertos de todas maneras y eventualmente sus padres simplemente no confiarán en ustedes.

Desde luego que tus padres *deben* tratar de comprenderte. De hecho, diré algo a favor de los chicos, y si quieres que tus padres lo escuchen, es el momento de llamarles.

Padres: den a sus hijos un descanso. No siempre podrán ser los chicos obedientes, educados, limpios, tranquilos, ahorrativos y perfectos que desearían que fueran. Por favor, respeten su privacía y sus juicios e intenten apreciarlos por las personas que son.

Capítulo 3

Sexo y otras clases de amor

La sexualidad nos afecta en forma diferente a las distintas edades. Para los niños pequeños no es tan importante. Es cierto, los niños se darán cuenta de que se sienten bien al tocar su pene y las niñas al tocar el área alrededor de la vagina, el clítoris sobre todo . Pero, por lo general, no es una parte esencial de su vida.

El amor siempre es parte esencial de nuestra vida. Esto se debe a que tiene muchos significados diferentes. Después de todo, puedes amar a tu madre, a tu mejor amigo, al helado de chocolate y al beisbol. Pero conforme te acercas a la adolescencia, probablemente empezarás a amar a personas del sexo opuesto.

Enamoramientos

La primera vez que los chicos empiezan a experimentar sentimientos profundos por representantes del sexo opuesto es, por lo general, a los 10 u 11 años. Hasta esa edad, los niños (si eres niña) o las niñas (si eres niño) siempre te habían parecido tontos. Pero entonces, de repente, hay un niño o una niña que te parece *fascinante*. El sentimiento profundo que tienes por esta persona se llama *ena-moramiento.*

Recuerdo mi primer enamoramiento. Lo experimenté cuando tenía 10 años y todavía vivía en Frankfurt. En el piso de arriba vivía un chico llamado Justin, quien era dos años mayor que yo. Recuerdo que pensaba que era algo maravilloso. Si alguien me molestaba, Justin me protegería. Ahora me doy cuenta de que una de las razones por las que desarrollé el enamoramiento fue porque en realidad deseaba tener un hermano mayor.

Puede ser que conozcas a la persona por quien sientes este enamoramiento o quizás se trate de alguien a quien sólo viste al otro lado de un salón de clases lleno de gente. Tal vez sea una persona mayor que tú, el hermano o hermana de un amigo, una amistad de tus padres o un maestro o maestra. Incluso puede tratarse de una estrella de cine o un cantante. Podría ser del sexo opuesto o de tu mismo sexo. Es perfectamente normal disfrutar por pensar en esta forma acerca de una persona y algunas veces resulta ¡que aquella persona siente lo mismo por ti! Por lo general, los enamoramientos desaparecen en uno o dos meses incluso antes.

El siguiente paso

Uno o dos años más tarde, los chicos y chicas empiezan a pasar el tiempo juntos. Hay fiestas mixtas, en las que es probable que se organicen juegos en los que se besan, como el de la botella. Estoy segura de que los niños de ahora juegan al doctor, como solíamos hacerlo en el hogar para niños. No era necesario que nos tocáramos las partes privadas. ¡De todos modos era divertido tocarnos cualquier parte del cuerpo! Todavía me acuerdo cuando jugábamos al lobo! ¡Era muy grato "traerla" y abrazar a todos los chicos!

Pero si estos juegos no te gustan, o todavía no estás preparado para ellos, no tienes que jugarlos. Si te sientes incómodo por tener que salir de la fiesta, te doy permiso de que digas una pequeña mentira blanca: que tu mamá necesita que le compres algo o que tienes cita con el médico. No lo olvides, tú tienes el control.

En poco tiempo, chicos y chicas empezarán a salir juntos y entonces un par de muchachos valientes comenzarán a llamarse novio y novia uno al otro. Se tomarán de la mano en los pasillos del colegio, se mirarán a los ojos y se prometerán amor eterno. Pero, por lo general, la relación no dura mucho tiempo.

En realidad, mi primer novio no fue Walter, sino un chico del hogar para niños que se llamaba Max. Cuando yo tenía 13 años, empecé a ayudarle con sus tareas y pronto sentí un gran enamoramiento por él. "Max ha llegado a gustarme mucho", escribí en mi diario. Después agregué una nota para mí misma: "Pero tienes que dominarte".

Pronto, Max y yo estábamos jugando al doctor y me sentía en la gloria. Después la tragedia me golpeó: sorprendí a Max besando a otra chica. Por fortuna, Walter estaba en el horizonte y empezamos a vernos.

Pasamos un tiempo magnífico. Cuando estábamos en clase, yo siempre llevaba un gran abrigo para ponerlo sobre mi regazo. Debajo de él, solíamos tomarnos de la mano. Nos encontrábamos bajo las escaleras o en cuevas que estaban en el bosque cerca del colegio, y nos abrazábamos y besábamos. Walter vivía arriba de mi casa e ideó una forma para enviarnos notas por la ventana en pequeñas hojas de papel y con dos cuerdas. No teníamos dinero para comprarnos cosas, pero me hizo un regalo maravilloso, un pequeño corazón hecho con dos pedazos de piel; de un lado era rojo y del otro azul. Yo lo llevaba prendido a mi ropa todo el día, y cuando me iba a dormir por la noche lo fijaba a mi pijama.

El nombre de mi esposo es Fred, no Walter, así es que, como verás, ese romance tampoco duró para siempre. Estuvimos juntos durante tres años aproximadamente, pero después sentí celos porque Walter prestaba mucha atención a una mujer mayor que nosotros, alguien que trabajaba en el hogar para niños. Él me aseguraba que yo le gustaba más, pero el fin estaba cerca. Aunque no lo creas, el final llegó después de una pelea que sostuvimos por algo que entonces parecía de increíble importancia. Yo quería que peinara su cabello hacia atrás y él lo quería llevar hacia los lados. Escribí en mi diario: "Ya basta. Se acabó".

Mi relación con Walter fue muy importante para mí. ¡Y lo mejor de todo es que en la actualidad todavía somos amigos!

Masturbación

Cuando llegues a la pubertad, probablemente te encontrarás a tí mismo pensando durante mucho tiempo en cosas en las que no estabas acostumbrado a hacerlo. Cosas como besar o ser acariciado por una chica o chico que conoces, por una estrella de cine o incluso por un maestro o maestra guapos. Cuando los chicos tienen pensamientos como esos, quizá se *exciten* sexualmente. Empiezan a respirar con fuerza; su rostro se enrojece. Los chicos experimentan erecciones y las chicas se dan cuenta de que el área interior de la vagina se les humedece. Lo que sienten en esos momentos es el *impulso sexual,* una parte muy importante de la constitución de cada ser humano.

Los chicos y chicas que han empezado a experimentar estos sentimientos, en ocasiones, se masturban. Como ya dije antes, aun los niños pequeños lo hacen tocando sus órganos genitales para sentirse bien. Pero, después de que empieza la pubertad, es probable que la necesidad de hacerlo sea más fuerte y más frecuente.

Por lo general, un niño se masturba tomando el pene con el puño y frotándolo hacia arriba y abajo. Después de un rato, que puede durar unos segundos o unos minutos, tendrá un orgasmo. Y al mismo tiempo, va a eyacular. La primera vez que un chico hace esto, puede ser impresionante para él ver el semen saliendo del pene. Debería asegurarse de tener listo un pañuelo desechable para absorberlo. O quizá se masturbe en la regadera.

Después de que un chico eyacula, su cuerpo necesita algo de tiempo para descansar, y probablemente no podrá tener otra erección ni volver a eyacular durante un rato. Quizá tampoco lo desee.

Una niña se masturba frotando con los dedos el clítoris o el área interior o alrededor de la vagina. Si continúa haciéndolo, experimentará un

orgasmo. Las chicas no eyaculan al llegar al clímax, pero cuando lo hacen se sienten muy húmedas debido a las secreciones vaginales que provoca
la excitación sexual.

Algunas veces, a los chicos les gusta ver fo-
tografías sexys en las revistas mientras se masturban. (Por alguna razón, esta clase de cosas no parecen interesarles tanto a las chicas.) Si tienes este
tipo de revistas, asegúrate de que tus padres
entiendan que son de tu propiedad privada y personal.

No existe absolutamente nada de malo en
masturbarse. La mayor parte de la gente lo hace y
no tiene ningún efecto negativo. Antes existían mu-

chas historias absurdas al respecto; quizá hayas escuchado algunas, pero ninguna es cierta. Masturbarte no te provoca ceguera ni retraso mental, no hace que a los niños se les acabe el semen, ni va a afectar tu vida sexual cuando seas más grande. La masturbación *nunca* hará que las chicas se embaracen ni que chicos y chicas adquieran enfermedades de trasmisión sexual. Y, lo más importante de todo, no te convierte en una mala persona.

Tampoco existe nada de malo en *no* masturbarse. A ciertas personas no les interesa y eso no las hace ser menos sexys.

Sin embargo, algo que has de recordar es que la masturbación debe realizarse en privado. Si lo haces en tu cuarto, cierra la puerta y deja bien claro a tu familia que no deben entrar sin llamar. Si temes que puedan irrumpir en tu habitación, puedes atrancar la puerta con un mueble pesado.

En ocasiones, algunos grupos de niños se masturban juntos. No hay nada de malo si se hace en privado. Y *no* quiere decir que los chicos que lo hagan sean homosexuales.

Homosexualidad

Una vez más, los *homosexuales* son personas que se sienten sexualmente atraídas por gente de su mismo sexo. Son hombres a los que les gustan los hombres y mujeres a quienes les gustan las mujeres. Los *heterosexuales* son hombres que se sien-

ten atraídos por las mujeres y mujeres a las que les gustan los hombres. Algunas personas son *bisexuales*, es decir, se sienten atraídos por ambos sexos.

Hace tiempo, existía un gran prejuicio contra los homosexuales. Todavía lo hay y algunos de ellos creen que deben mantener en secreto sus preferencias en este campo. Pero cada vez más gente comprende que los homosexuales son personas sanas y normales e iguales a los demás, excepto por sus gustos en el sexo.

¿Eres homosexual? Es difícil saberlo. Algunas personas no se imaginan si son heterosexuales u homosexuales hasta que llegan al final de la adolescencia o al principio de los veinte. Sentir un enamoramiento, acariciar o besar a alguien de tu mismo sexo *no* necesariamente significa que eres homosexual.

Contacto físico

¿Qué es un comportamiento sexy? Ver a los ojos de alguien que en verdad te gusta es *muy* sexy. Lo mismo tomarse de la mano, caminar brazo con brazo, besarse y abrazarse. Estas son cosas que casi todas las parejas jóvenes hacen.

Una vez más, es muy importante la privacía. Y puede ser difícil encontrarla, sobre todo si eres demasiado joven para manejar o no tienes auto. Pero los chicos son unos genios cuando se trata de encontrar lugares dónde estar a solas, de modo que no creo que necesites mi consejo en este aspecto.

Cuando los chicos y chicas son más grandes y llegan a conocerse mejor, quizá deseen "ir más allá". Tal vez se acaricien; en otras palabras, es probable que se toquen uno al otro las partes del cuerpo en las que sientan más placer.

Cuándo hacer estas cosas, y si se van a hacer, es algo que cada persona debe decidir por sí misma. Pero te voy a decir algo de lo que estoy muy segura y sobre lo que tengo un sentimiento profundo: *no* debes hacer nada, a menos de que estés seguro de estar preparado para ello, de que lo quieras hacer y de que te sientas bien haciéndolo.

En ocasiones, la gente intentará presionarte a hacer estas cosas. Tal vez tu novio te diga: "si en verdad me amas, lo harás". Si eres niño, quizá tus amigos alardearán de las cosas que han hecho y actuarán como si no fueras un "hombre" de verdad porque no las has hecho también.

Esto no tiene sentido. Si tu novio te pone en una situación así, en realidad no te ama o no te respeta. Y los chicos que hacen alarde de las cosas que han realizado probablemente ni siquiera digan la verdad.

A veces una chica hará algo que no desea porque piensa que así la van a aceptar. Esta es una manera de pensar comprensible, pero en realidad no tiene sentido.

Es como el caso del niño rico que trata de "comprar" amigos dándoles regalos o dinero. A ellos no les gusta él. Sólo les gusta lo que consiguen de él y, cuando cesan los presentes, ya no son sus amigos.

Relaciones sexuales

En las relaciones sexuales el hombre y la mujer se acuestan juntos. Después se abrazan, se besan, se acarician y quizá platican entre ellos durante un momento (corto o largo); después el hombre introduce su pene erecto en la vagina de la mujer. Como la vagina produce su propia humedad cuando la mujer está excitada sexualmente, el pene entra con facilidad. Luego ambos mueven la cadera de modo que el pene se desliza hacia dentro y hacia afuera. Normalmente, el hombre llegará al orgasmo y eyaculará como resultado del coito, y la mujer quizá también tendrá un orgasmo. Después del coito, cuando el hombre saca el pene, la pareja deberá experimentar una sensación agradable y cálida. Tal vez se abracen y se besen con ternura. Si la mujer no ha llegado al orgasmo, el hombre puede acariciarle el clítoris hasta que lo tenga. Después de un momento quizá estarán listos para tener otra relación sexual; o tal vez no lo estén.

¿Con qué frecuencia tienen relaciones sexuales las personas? Bueno, algunos esposos las tienen todos los días. Otras parejas las tienen una vez a la semana, una vez al mes o quizá con menos frecuencia. Las parejas se dan cuenta de que, en las diferentes etapas de su vida, están más o menos interesadas en el sexo. Pero muchas personas permanecen muy activas en el aspecto sexual durante toda su vida.

La primera vez que una mujer realiza el coito, el pene puede estirar el himen, o sea la delgada capa de piel que bloquea parcialmente la abertura de la vagina, por lo que la mujer en ocasiones sangrará un poco. Pero no siempre. Y si no es así, esto *no* significa que la chica haya tenido relaciones sexuales anteriormente.

Cuando los jóvenes oyen hablar sobre el coito por primera vez, a veces les parece extraño e incluso desagradable. Esa es una reacción natural. El sexo sólo tiene sentido cuando está asociado con sentimientos de ternura hacia otra persona. Los chicos todavía no tienen estos sentimientos y no los comprenderán hasta que los experimenten.

También pueden creer que cuando el pene de un hombre se encuentra dentro de la vagina de la mujer, es probable que orine. Esto no es posible. Como ya te dije antes, existe una válvula especial en el interior de la vejiga que se cierra cuando el hombre va a eyacular.

Otro aspecto de las relaciones sexuales que puede asustarlos es que cuando una pareja las tiene, quizá hagan mucho ruido: gritos, gemidos y todo tipo de sonidos. Una chica que conocí en el hogar para niños me platicó que una vez escuchó a sus padres cuando tenían una relación sexual y se había asustado mucho porque creyó que su padre estaba golpeando a su madre. Bueno, para muchas personas, producir ruidos hace que el sexo sea más divertido.

Por cierto, si alguna vez entras a la habitación de tus papás cuando estén haciendo el amor, debes actuar de la misma forma en que tú desearías que se comportaran si entraran a la tuya y te encontraran haciendo algo privado. Sólo di: "Discúlpenme", y vuelve a salir de inmediato. Quizá más tarde quieras hablar sobre esto con ellos. Tal vez sean ellos los que deseen hablar contigo sobre el asunto. O quizá todos decidan que es mejor no hablar de ello.

En ocasiones, tener relaciones sexuales se llama "entregarse por completo", y con toda la razón. Decidir hacer esto es algo muy serio debido, al menos, a tres razones. La primera es que sostener relaciones sexuales puede dar como resultado un embarazo. Tener un bebé es algo que cambia la vida de las personas para siempre. Por lo general, la gente no está preparada para ello hasta que alcanza, por lo menos, los 20 años y está casada.

En segundo lugar, puede ocasionar alguna enfermedad, o sea contraer cualquier mal trasmitido por vía sexual, incluyendo el más peligroso de todos, el sida.

Y, por último, las relaciones sexuales pueden causar desilusión, incluso infelicidad, si no son cálidas, amorosas y alegres, si no se comparten entre dos personas que se tengan profundos sentimientos de cariño entre sí y sepan exactamente lo que hacen. Por eso, en ocasiones, al coito se le llama "hacer el amor". Es una experiencia tan poderosa que ningún adolescente está preparado para ella.

De manera que permíteme repetir lo que dije antes sobre la gente que intenta convencerte de tener relaciones sexuales. Trata *todo* lo que te sea posible de no dejarte influenciar por estas personas. Existen buenas razones para hacer el amor.

Pero también hay unas muy negativas, como el querer ser popular, sentirte presionado por tu novio o novia, intentar vengarte de tus padres, tratar de probar que eres un adulto o querer hacer lo que todos los demás hacen.

Cada quien debe tomar su propia decisión. Pero, mientras estés escuchándome a mí, déjame darte mi propia opinión: no creo que los adolescentes jóvenes estén preparados para el sexo.

A las personas que todavía no han tenido relaciones sexuales se les llama *vírgenes*. Si ves ciertos programas de televisión, escuchas determinadas grabaciones musicales o ves algunas películas sólo para adultos, quizá creas que *nadie* pasa de cierta edad siendo virgen. Eso no es cierto. Muchas personas lo son hasta que se casan. Otras como los sacerdotes, son vírgenes durante toda la vida. Te diré algo que es seguro: la gente que no es virgen recuerda dónde, cuándo y con quién perdió la virginidad. El primer encuentro sexual de una persona es muy especial porque sólo sucede una vez.

Capítulo 4

Anticoncepción

Normalmente, es necesario el coito para dar inicio al proceso que culmina con el nacimiento de un bebé. Pero hombres y mujeres tienen relaciones sexuales por otras razones diferentes de tener hijos. La principal es que, cuando se aman entre sí, el sexo puede ser una experiencia cálida y muy placentera.

Eso está bien. Pero la gente que tiene relaciones sexuales debe recordar algo: con muy pocas excepciones, cada vez que un hombre y una mujer hacen el amor, existe la posibilidad de que ella quede embarazada.

Para algunas parejas, no sería muy buena idea tener un bebé. Sobre todo para los que son muy jóvenes. Un chico y una chica de 15 años están biológicamente aptos para convertirse en padres; pero carecen totalmente de la preparación que requiere la increíble responsabilidad que representa ser padres.

Esto también es verdad para los muchachos más grandes. Digamos que unos novios están a punto de terminar su bachillerato y tienen toda clase de planes. Ella desea ir a la facultad de derecho y un día convertirse en juez. El quiere estudiar arquitectura. Si tuvieran un bebé, casi todo el tiempo, dinero y amor tendría que ser para el pequeño. Esto no deja mucho espacio para sus sueños.

Tampoco les dará mucho *tiempo* para soñar. Un bebé significa no dormir una noche completa durante muchos meses; no ir al cine; no tener comidas tranquilas y sin interrupciones; contar incluso con pocas oportunidades para hablar entre sí. Si una pareja no tiene una relación sólida, lo sabrán después de unas cuantas semanas de nacido el bebé.

Quizá algunas chicas crean que *quieren* embarazarse. Imagínate a una niña sin hermanitos; tal vez su autoimagen no sea muy positiva. Siempre arrulla a sus muñecas e inclusive cuida a su sobrino de un año. Piensa que tener un bebé que de verdad sea suyo, al que ame y quien *la* ame, sería maravilloso.

Pero los bebés no son como las muñecas. Tampoco son como los sobrinos, porque están ahí todo el tiempo. Necesitan amor y atención casi constante.

Si una pareja está segura de querer tener relaciones sexuales pero no desea un bebé, debe procurar la *anticoncepción* o control de la natalidad. Existen muchos tipos de anticoncepción, pero todos intentan evitar que el espermatozoide del hombre y el óvulo femenino se unan durante el coito y se implanten en la pared uterina. Algunos de los métodos funcionan muy bien y otros no.

Primero te hablaré de los que no sirven.

Algunas personas creen que si una pareja hace el amor de pie, la mujer no quedará embarazada. Falso.

Que si una mujer tiene relaciones sexuales por primera vez, no se embaraza. Falso.

Que si la mujer se *ducha* o lava la vagina con cierto tipo de líquido inmediatamente después del coito, no se va a embarazar. Falso.

Que si no llega a tener un orgasmo u orina después de hacer el amor, tampoco quedará embarazada. Falso.

Muchas parejas tratan de evitar el embarazo mediante la *eyaculación externa.* Esto quiere decir que, justo antes de eyacular, el hombre saca el pene de la vagina. Existen dos problemas con este método. El primero es que ningún hombre puede estar completamente seguro del momento en que va a eyacular y quizá se retire demasiado tarde. El segundo es que, aun antes de eyacular, algo de semen se escurre del pene, colocando en la vagina espermatozoides vivos que pueden fertilizar al óvulo.

El *método del ritmo* no es mucho más efectivo. También se le llama "método natural para el control de la natalidad", y es el intento de algunas parejas de imaginarse el momento exacto en que las relaciones sexuales son "seguras"; es decir, cuando la mujer se encuentra en el punto del ciclo menstrual en el que no puede quedar embarazada. Esto es muy difícil saberlo y sólo se debe llevar a cabo con la ayuda de médicos y otros profesionistas capacitados. Aun cuando se realice en forma correcta, falla con mucha frecuencia.

Algunos tipos de control de la natalidad funcionan mejor. Pero todos presentan ventajas y desventajas. Y recuerda: el único método anticonceptivo, comprobado por completo, es que el hombre nunca introduzca el pene dentro de la vagina de la mujer. Ni siquiera debería acercarlo a esta parte del cuerpo femenino, porque los espermatozoides pueden entrar en ella y nadar hasta las trompas de Falopio.

Condones

Los condones tienen la forma de un globo alargado. Por lo general, están hechos de hule elástico y se pueden comprar en cualquier farmacia.

Vienen enrollados en un paquete. Antes del acto sexual el hombre se coloca el condón en el pene erecto, dejando un espacio libre al final. Cuando eyacula, el semen permanece en el condón y no entra en la vagina de la mujer.

Los condones no tienen efectos secundarios negativos, son baratos y constituyen un método para el control de la natalidad efectivo. Además, ofrecen buena protección contra las enfermedades sexualmente trasmitidas. Sin embargo, a veces pueden fallar porque se resbalan o se rompen.

En las clínicas para el control de la natali-

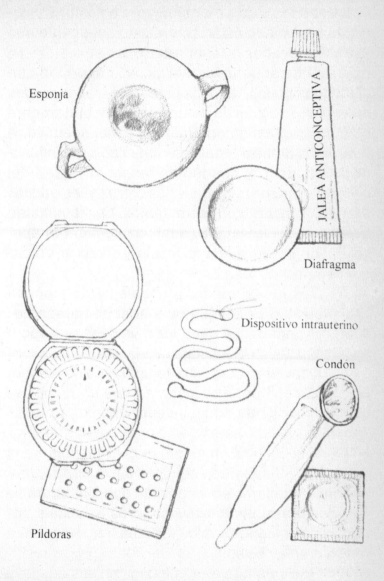

Esponja

JALEA ANTICONCEPTIVA

Diafragma

Dispositivo intrauterino

Condón

Píldoras

dad, los condones se distribuyen sin costo alguno. Ciertas personas están contra esto; creen que anima a los jóvenes a tener relaciones sexuales. Yo no estoy de acuerdo con ellas. No importa lo que digan los adultos, *algunos* jóvenes de todos modos las tendrán. Y si lo hacen, es absolutamente necesario que sigan un método anticonceptivo. A diferencia de casi todos los otros tipos de anticonceptivos, usar el condón es responsabilidad del hombre. Pero en ocasiones, los chicos y los adultos varones no son tan responsables. Quizá piensen que no es "chic" usarlo, o tal vez se sientan apenados de entrar a una farmacia y comprar un paquete de condones.

Después de todo, probablemente piensen que no son *ellos* los que quedarán embarazados. *Ellos* no tendrán que dar a luz a un bebé ni responsabilizarse de su bienestar.

Cualquier mujer que tenga un novio o esposo que se comporte de esta manera debe, por su propio bien, sentarse y sostener una larga plática con él.

Y si él no la entiende, deberá plantearse la pregunta: ¿En verdad este tipo vale la pena? Desde luego que también es posible que al hombre se le olvide llevar condones; y, como esto puede sucederle a cualquiera, sería buena idea que *ella* pusiera algunos en su bolso.

Recientemente, en algunos países se dio la aprobación condicional a un condón femenino, un tubo suave que la mujer inserta en la vagina antes del coito. Nadie sabe qué tan efectivo sea, pero si funciona bien será una ayuda más en la lista de métodos para el control de la natalidad.

Espumas, jaleas y cremas anticonceptivas

Ciertas sustancias son *espermaticidas*; es decir, cuando entran en contacto con los espermatozoides les producen la muerte. Por tanto otro tipo de anticonceptivo consiste en espumas, jaleas y cremas espermaticidas.

La mujer introduce una de estas sustancias en la vagina antes del coito y, si funciona, ninguno de los espermatozoides llegará a las trompas de Falopio.

Existe un par de cosas acerca de estos productos (disponibles en las farmacias) que se deben tener siempre en mente. La primera es que quien los utilice debe seguir las instrucciones cuidadosamente. Por ejemplo, algunas personas se los aplican *después* de la relación, pero entonces ya es demasiado tarde.

La segunda es que, si se utilizan solas (aunque sea en forma apropiada), las espumas, jaleas y cremas tienen un amplio margen de falla. Es mucho más seguro usarlas junto *con* un condón o un diafragma.

El diafragma

Un diafragma es una copa casi plana hecha de hule especialmente para que se acople cómodamente sobre el cuello uterino de la mujer, que es la abertura que conecta la vagina con el útero. Como es importante que se acomode bien debe recetarlo un médico que muestre a la persona la forma correcta de ponerlo en su lugar. Antes del coito, la mujer pone una pequeña cantidad de jalea o crema espermaticida en el diafragma y luego lo introduce. Debe mantenerlo en su interior por lo menos seis horas después de la relación para asegurarse de que todos los espermatozoides estén muertos.

Usado en forma correcta, el diafragma puede ser un método anticonceptivo efectivo.

La píldora

Cuando una mujer toma píldoras anticonceptivas, deja de ovular. Por tanto, no existe un óvulo que pueda fertilizar el espermatozoide del hombre.

Es necesario que un médico recete estas píldoras. (Puede ser peligroso tomar aquellas que le recetaron a otra persona.) Ya sea que una mujer empiece a tomarlas en el quinto día o en el primer domingo después del inicio del ciclo menstrual, deberá tomar una píldora diaria durante tres semanas. Después dejará de tomarlas una semana; y luego volverá a empezar.

Si se usa en forma correcta, la píldora es muy efectiva para el control de la natalidad. Sin embargo, no funcionará si se toma durante uno o dos días solamente, o si se administran varias píldoras de una sola vez. Y si una mujer las deja de tomar, puede quedar embarazada de inmediato. Algunas píldoras anticonceptivas son muy costosas (aunque en las clínicas para el control de la natalidad las venden a precios más bajos). También tienen efectos secundarios y las mujeres que piensen tomarlas deberán consultarlo con su médico.

El DIU

El DIU, o dispositivo intrauterino, es una pequeña pieza de plástico que el doctor introduce en el útero de la mujer. Este objeto permanece ahí tanto tiempo como se desee. De alguna manera —nadie la conoce con exactitud— previene que el óvulo fertilizado se implante en la pared del útero. A ciertas mujeres el DIU les provoca dolor abdominal o un flujo menstrual muy abundante e incómodo. Estas mujeres deben recurrir a otros métodos anticonceptivos. Para otras de ellas, si un médico revisa periódicamente que el DIU esté en su lugar, ésta es una forma muy efectiva de evitar el embarazo.

La esponja

La esponja anticonceptiva contiene químicos que

matan a los espermatozoides y que son liberados en forma gradual durante un período aproximado de veinticuatro horas. Antes del coito la mujer la inserta dentro de la vagina hasta llegar al cuello uterino, la deja ahí entre seis y veinticuatro horas después de la relación sexual y luego la saca y la desecha. Éste no es un método anticonceptivo muy efectivo.

Esterilización

Otro método para el control de la natalidad es la *esterilización*, una intervención quirúrgica que se lleva a cabo en el consultorio del médico o también en un hospital. Tanto hombres como mujeres pueden ser esterilizados. En la *vasectomía* se liga o se corta el conducto deferente, a través del cual pasa el esperma. Un hombre que se ha sometido a esta operación ya no puede embarazar a una mujer.

Existen varias clases diferentes de esterilización femenina. Todas comprenden el bloqueo de las trompas de Falopio de manera que el óvulo y el espermatozoide no se pueden juntar.

El principal inconveniente de la esterilización femenina es que, por lo general, es permanente. (Para los hombres, la vasectomía puede ser reversible.) Una mujer quizá crea que ya nunca deseará tener más hijos, pero es probable que después de 10 años no piense igual. Si ya fue esterilizada, es posible que no pueda hacer nada al respecto.

Cuando la anticoncepción falla

¿Qué sucede si la anticoncepción no funciona y una mujer queda embarazada sin desearlo? ¿Qué pasa si una pareja no utiliza ningún método anticonceptivo, concibe y no desea tener un bebé o no está capacitada para educarlo y mantenerlo? Bueno, la mujer puede tener al pequeño de todos modos y darlo en adopción.

Algunos bebés son llevados a hogares amorosos donde padres adoptivos los educan como si fueran sus propios hijos. Pero la madre natural debe entender que nunca más verá a su hijo ni sabrá de él. Otros bebés no tienen tanta suerte; terminan en instituciones o con padres que no los tratan bien.

Si una joven tiene un bebé, en ocasiones decide mantenerlo a su lado y educarlo con la ayuda de su familia. Quizá sus padres lo eduquen como si fuera otro hijo suyo. Cualquiera de estas dos decisiones con frecuencia no son las más adecuadas por la tensión que ocasionan dentro de la familia y la carga que esto representa para la chica y sus padres.

Asimismo, casarse con el padre del pequeño y formar un hogar con él representa un riesgo. Normalmente es una carga demasiado pesada para los jóvenes padres y no le ofrecen un hogar sólido al bebé. Con frecuencia da como resultado un hogar *desintegrado*.

Otra opción es el aborto. Este es un procedi-

miento médico que se lleva a cabo después de que la mujer se embaraza, en el que se extrae del útero el huevo fertilizado o el embrión que se ha desarrollado en él. Al principio del embarazo, el aborto se puede realizar de manera rápida y sencilla. Más adelante, el proceso se vuelve más complicado y la mujer debe pasar la noche en el hospital.

El aborto es un aspecto *muy* sensible y emotivo. Algunas personas consideran que es un asesinato y no debería permitirse. Otras piensan que habría de permitirse sólo bajo determinadas circunstancias, por ejemplo cuando la vida de la madre corre peligro. Otras más creen que nunca se debe llevar a cabo después de la decimosegunda semana de embarazo. Y aún hay otras personas que piensan que debería estar al alcance de todas las mujeres en cualquier momento. En la actualidad, cada país tiene diferentes leyes y reglamentos acerca del aborto.

Creo que el aborto *no* debería usarse como método para el control de la natalidad. Sin embargo, pienso que cada mujer debe tener el derecho de elegir que se le practique.

Capítulo 5

Enfermedades de trasmisión sexual

A pesar de que, en el momento adecuado y bajo las circunstancias correctas, el sexo es una experiencia feliz y sana, a veces puede ocasionar que una persona se enferme. Esto sucede cuando el compañero o compañera sufre una enfermedad de trasmisión sexual.

Las *enfermedades de trasmisión sexual* (ETS), algunas de las cuales también se conocen como *enfermedades venéreas* (EV), son males que se extienden por medio del contacto íntimo entre dos personas que tienen relaciones sexuales. Las principales ETS son gonorrea, herpes, clamidia, hepatitis B, sífilis y sida.

Las ETS son graves por dos razones. La primera es que pueden hacer que la persona que las sufre se ponga muy enferma. Lá segunda es que convierten a esa persona en un portador. Cada vez que él o ella tenga relaciones sexuales, existe la posibilidad de que su pareja se contagie. Esta probabilidad se reduce cuando el hombre usa un condón, pero aún así existe. Al igual que con el embarazo, la única manera totalmente segura de no adquirir una enfermedad de trasmisión sexual es no tener relaciones sexuales.

Algunos síntomas característicos de este

tipo de enfermedades son comezón y dolor en el área que rodea a los órganos sexuales y una sensación dolorosa al orinar. A excepción del sida, todas las ETS pueden tratarse médicamente y cualquier persona que crea sufrir una debe acudir al doctor inmediatamente. Si no reciben tratamiento, pueden originar artritis, esterilidad, dolor y molestias intensos, ceguera y, en el caso del sida y la sífilis, la muerte.

Existe un número telefónico de Conasida, al que puedes llamar y personas especializadas te proporcionarán información sobre el sida. Este número es: 207-4077.

Sida

El nombre del sida viene de *síndrome de inmuno-deficiencia adquirida*. Esta es la enfermedad de trasmisión sexual más grave porque siempre lleva a la muerte. Este mal es causado por un virus conocido como HIV (virus de inmunodeficiencia humana), daña al sistema inmunológico del organismo, que es el medio por el cual éste ataca a otra clase de enfermedades. Debido a esto, la gente que tiene sida con frecuencia muere de determinados tipos de cáncer o de neumonía.

Además, el sida es una enfermedad nueva. El virus fue reconocido por primera vez en 1981.

La gente habla mucho sobre esta enfermedad y muchas personas no están bien informadas acerca de ella. Lo primero que debes saber acerca del sida son las maneras en que *no* puedes contraerlo. No te contagias porque un portador estornude frente a ti, te abrace, tome tu mano o te acaricie, o comparta tus alimentos, o emplea tus tasas u otros utensilios. No lo contraes por el piquete de un mosquito ni por el asiento de un sanitario que haya sido usado por un portador del sida.

¿Cómo lo adquieres? Existen sólo tres maneras. La primera es teniendo relaciones sexuales con alguien que padece de sida. A pesar de que esta enfermedad se extendió primero entre los varones homosexuales, los hetercsexuales también la pueden adquirir y trasmitir.

La segunda es que la sangre de alguien que tenga el virus entre a tu torrente sanguíneo. Muchos drogadictos se han contagiado de sida por compartir agujas hipodérmicas infectadas. Una de las víctimas más singulares fue una mujer joven quien, de alguna manera, tuvo contacto con la sangre de su dentista infectada de sida. Algunas personas se han contaminado por una transfusión de sangre, pero eso sucedió antes de que los médicos se dieran cuenta de que la enfermedad podía contagiarse en esta forma. En la actualidad, la sangre donada se examina para asegurarse de que no esté infectada.

Por último, los bebés que nacen de una madre con sida tienen posibilidades de contraer el virus.

Es importante recordar que la gente que tiene sida no siempre *se da cuenta de ello*. Pueden portar el virus durante años antes de mostrar algún síntoma visible de la enfermedad. Y es trasmisora antes de que los síntomas sean obvios.

Como sucede con las otras enfermedades de trasmisión sexual, la única manera en que podrás estar casi seguro de no contraer el sida es evitar las relaciones sexuales. Si las tienes, debe ser con una sola pareja, alguien que se haya sometido a exámenes y no lo padezca y quien sólo tenga relaciones contigo.

Existen otras formas de reducir en gran medida el riesgo de contraer sida. Estas incluyen asegurarse de usar siempre un condón durante el coito, no tener relaciones sexuales con extraños y lavar el pene y la vagina antes y después del acto sexual. Por cierto, algunas personas creen evitar el sida practicando el coito por el ano (introduciendo el pene dentro del ano) o el sexo oral (introduciendo el pene en la boca). Están completamente equivocadas. Estas prácticas son tan peligrosas como el coito normal.

Mientras no exista una cura para el sida, hay algunos medicamentos que ayudan a controlar el daño que causa al organismo. Los científicos trabajan arduamente para desarrollar una *vacuna,* una medicina que proteja a la gente para que no se contagie. Hay quienes esperan que ésta se descubra dentro de los próximos 10 años. Ojalá se logre mucho más pronto.

Capítulo 6

Abuso sexual

*E*l sexo entre dos personas que se aman es una de las máximas alegrías de la vida, pero existen otros tipos de sexo que pueden ser muy dañinos. Estos resultan del *abuso sexual.* Una forma de abuso sexual se conoce como violación y significa forzar a alguien a realizar el coito. La violación constituye un crimen y puede suceder aun cuando un hombre y una mujer, o un niño y una niña, se conozcan entre sí. (De hecho, con mucha frecuencia las víctimas conocen a sus violadores.) Si una mujer dice que no quiere hacer el amor, un hombre no debe forzarla, sin excepción. Si lo hace, comete una violación.

El *abuso de menores* se presenta cuando un adulto o un adolescente intenta tener relaciones sexuales con un niño y también eso es un crimen. Una persona que comete abuso sexual puede ser un adulto que toca el pene o la vagina de un pequeño o le pide que toque sus órganos sexuales. También puede tratarse de una persona mayor que besa o abraza a un niño en forma incorrecta. Puede ser un adulto que trata de que un niño vea películas de sexo o que lo observe mientras se masturba. Y, por último, puede cometerlo una persona mayor que viola a un niño forzándolo a realizar el coito.

Si un extraño te besa o te abraza, sabes que está mal. Pero a veces no puedes estar seguro de que un abuso sexual tenga lugar. Los adultos a quienes encantan los niños con frecuencia demuestran sus sentimientos con besos y abrazos. ¿Hay algo malo en eso? Probablemente no. Pero si a ti no te parece correcto o simplemente no te gusta, pide a la persona que se detenga, en la forma más clara posible. Tu cuerpo es privado y no tienes que dejar a nadie que lo toque. Si la persona no se detiene, puedes asumir que se trata de un abuso sexual. Intenta alejarte lo más rápido posible.

Luego platícaselo a un adulto en quien confíes; uno de tus padres, un maestro, un consejero, un ministro o rabino, un bibliotecario, o incluso un hermano o hermana mayor. Dile exactamente lo que pasó. Esto es muy importante. Con frecuencia, las personas que cometen abuso de infantes intentan convencerlos de que no se lo cuenten a nadie. Tratan de hacer que el niño se sienta avergonzado de lo que sucedió y de que, de alguna manera, fue su culpa. Incluso le dirán que sus padres se van enojar con él. En ocasiones fingen "amar" al niño del que abusan.

Si alguien abusa de ti *no* es tu culpa. La persona que comete el abuso no te ama. Aun si más adelante piensas que podrías haber prevenido la situación, *no* debes sentirte culpable. Es culpa del adulto y él o ella es quien debe recibir el castigo.

¿Cómo puedes evitar situaciones en las que

abusen de ti? Bueno, como quizá te lo hayan dicho tus padres cientos de veces, no hables con extraños, sobre todo cuando parezcan actuar demasiado amistosos. Y si te sientes incómodo por la manera en que se comporta contigo una persona a la que conoces, cuéntales a tus padres, o a otro adulto en quien confíes, tus preocupaciones.

Si alguien abusa de ti, recuerda: *díselo* a alguien de tu confianza tan pronto como te sea posible y *no* te sientas culpable.

Incesto

Quizá no creas que esto sea posible, pero en ocasiones los chicos más grandes intentan tener relaciones sexuales con sus hermanos y hermanas pequeños, y los padres tratan de tenerlas con sus hijos. A esta forma de abuso sexual se le llama *incesto.*

Yo siento mucha pena por los niños que son víctimas de incesto. Es la peor clase de abuso de menores, porque hace que el niño se sienta muy confundido. Él o ella ama a su padre o hermano, pero sabe que esta persona cometió un acto muy malo.

¿Y a quién puede contárselo? Quizá los demás miembros de la familia no crean lo que sucedió. Y es probable que el pequeño desee con todas sus fuerzas pretender que nunca pasó, porque ¿quién quiere formar parte de una familia en la que hay un incesto?

Lo único que quiero decir es que, por muy difícil que sea contarlo, es *peor* no hacerlo. Tener un secreto como éste es una carga tremenda que nadie debe soportar. De modo que, si eres víctima de incesto, admite lo que está sucediendo y díselo inmediatamente a un adulto en quien tu confíes. Ten presente que necesitas ayuda y que la persona que comete el incesto también la necesita.

Capítulo 7

Cómo se hacen
los bebés

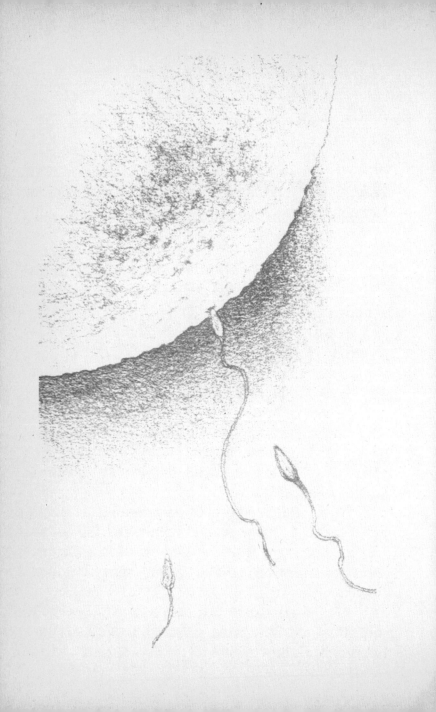

*A*hora creo que es el momento para hablar sobre la parte más importante de todo el tema del sexo: la manera en que nacen y son concebidos los bebés.

Aquí te digo cómo sucede. Cuando una pareja tiene relaciones sexuales y el hombre eyacula, deposita alrededor de 300 millones de espermatozoides en la vagina de la mujer. Estos espermatozoides son verdaderamente pequeños. Si formas en línea a 500 de ellos, ésta sólo medirá 2.5 cms. de largo.

La única forma en que se puede ver un espermatozoide es por medio del microscopio, en el que verías una larga cola que se mueve. La cola es importante. Permite que el espermatozoide nade a través del cuello uterino, entre el útero y, después de un viaje que le toma al menos una hora, llegue a las trompas de Falopio.

Sólo algunos de ellos llegan tan lejos. Otros salen de la vagina debido a la gravedad. Otros más mueren en ésta o los absorbe el cuerpo femenino. Pero alrededor de 2,000 llegan a cada trompa de Falopio.

Como ya dije antes, casi a la mitad del ciclo menstrual, la mujer ovula. Es decir, uno de sus ovarios va a madurar y liberar un óvulo. Éste viaja a través de una de las trompas y, si se encuentra con un espermatozoide (que venga en dirección opuesta), éste último tratará de entrar en él. En ocasiones uno de ellos lo logrará. Entonces se unirá al núcleo del óvulo y lo *fertilizará*. La mujer ha concebido. Oficialmente, está embarazada.

Es el espermatozoide el que determina si el huevo fertilizado se convertirá en un niño o en una niña. Existen dos tipos de células espermatozoides. Uno de ellos porta un cromosoma X y uno Y, lo que significa que el bebé será un varón; el otro porta dos cromosomas X, que quiere decir que el bebé será una niña.

La concepción no tiene lugar cada vez que un hombre y una mujer realizan el coito. El espermatozoide tiene que llegar a la trompa de Falopio en el momento en que el óvulo viaja a través de ésta. Y aun si eso sucede, la mujer no siempre quedará embarazada. En ocasiones, el espermatozoide simplemente no entra al óvulo y, a veces, por diferentes razones que tienen que ver con el organismo de cada quien, puede ser difícil que el hombre fertilice a la mujer o que ésta quede embarazada.

Pero recuerda: cada vez que un hombre y una mujer hacen el amor, es posible que ella conciba. Intentar calcular el momento de la ovulación y evitar las relaciones sexuales durante esa semana no es suficiente para prevenir el embarazo. Por una parte, es muy difícil saber el momento exacto de la ovulación; y por la otra, los espermatozoides sobreviven un promedio de tres días en el cuerpo de la mujer. Eso hace que sea muy riesgoso tratar de imaginar cuándo se debe evitar el sexo.

Por esta razón es muy importante que, si una pareja no desea tener un bebé, utilice métodos anticonceptivos.

De embrión a feto

Después de que el óvulo es fertilizado, continúa su viaje por la trompa de Falopio. Entre cinco y siete días después, se implanta en la pared del útero, donde se nutre y crece. En este momento se llama *embrión*.

Como el embrión necesita la cubierta del útero para sobrevivir, la mujer no la desecha y no menstrúa durante ese mes, ni en ningún momento durante el embarazo.

Dejar de menstruar es uno de los primeros síntomas que indican a la mujer que tal vez esté embarazada. Aunque no le señala nada en definitivo. Puede haber perdido un período por alguna otra razón, pero si tuvo relaciones sexuales en una fecha cercana, debe comprar un estuche para realizar la prueba del embarazo en casa, lo puede encontrar en cualquier farmacia. No es del todo confiable, de modo que, si el resultado es positivo, debe acudir al médico o a una clínica para que le practiquen un examen y pueda estar más segura.

Si el resultado muestra que no está embarazada, pero no tiene la regla una semana más tarde, debe intentar la prueba casera una vez más, sólo para asegurarse.

El día que una mujer se da cuenta de que está embarazada, sobre todo por primera vez, es de suma importancia en su vida. Recuerdo cómo fue para mí. Cuando escuché que tendría a mi hija, me sentí sorprendida y feliz. Sólo mido un metro cuarenta centímetros de estatura y siempre creí ser demasiado pequeña para tener un bebé.

Por cierto, es seguro y completamente normal que las mujeres embarazadas tengan relaciones sexuales hasta las últimas etapas del embarazo. Si una mujer está embarazada, su cuerpo deja de producir óvulos hasta después de que nace el bebé. De modo que, aun teniendo relaciones, no puede volver a embarazarse. El embarazo es uno de los métodos anticonceptivos cien por ciento eficaces que conozco.

El bebé nace mucho después de la concepción. Al tiempo que corre entre la concepción y el nacimiento se le conoce como período de *gestación*. En los seres humanos, es de un promedio de 266 días u ocho meses y medio aproximadamente. (Quizá creías que era de nueve meses. Ese es el tiempo que transcurre desde la última menstruación hasta el nacimiento).

El organismo de la madre proporciona al embrión todo lo que necesita para sobrevivir. En el útero, se forma la *placenta,* una masa plana de teji-do que rodea al embrión y le pasa oxígeno y nutrientes.

Después de 10 semanas aproximadamente, se forma el *cordón umbilical.* Este es un tubo que está conectado al ombligo del embrión y a través del cual pasa el alimento.

Cada día, el embrión crece y se desarrolla un poco más. A las cuatro semanas mide alrededor de 6 milímetros de largo. A las ocho semanas toda-vía es diminuto —alrededor de 2.5 cm.— pero em-pieza a verse como un bebé. Ahora se le llama *feto* y tiene ojos, oídos, brazos, manos, dedos, piernas,

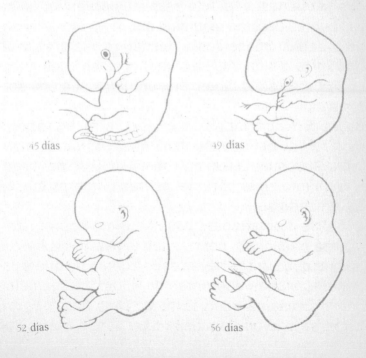

45 días   49 días

52 días   56 días

pies y dedos del pie, así como el principio de todos los órganos internos. Para las veinte semanas, mide 10 cm y está desarrollado casi por completo. Se ve como un ser humano diminuto. A partir de este momento, ya sólo crecerá y se preparará para vivir en el mundo.

Poco después del cuarto mes de embarazo, algunas parejas deciden que se lleven a cabo exámenes médicos para observar el desarrollo del feto. El más común es el llamado *amniocentesis* y puede revelar si el bebé nacerá con determinados *defectos congénitos,* como el síndrome de Dawn, que es una forma de retraso mental y distrofia muscular. En ocasiones, si el feto está muy enfermo, quizá los padres decidan recurrir al aborto.

La amniocentesis también revela si el bebé será niño o niña. Algunos padres piden a los médicos que no se lo digan; prefieren que sea una sorpresa.

En ocasiones la mujer sufre un *aborto accidental.* Esto quiere decir que, por varias razones, el embrión o feto no sobrevive. Este por lo general tiene lugar durante los tres primeros meses de embarazo.

Y, hablando de cosas que no ocurren con mucha frecuencia, permite que te platique sobre los gemelos. Quizá te hayas dado cuenta de que existen dos clases diferentes de ellos. Los gemelos *idénticos* se parecen entre sí; y los *fraternos* no. Durante la ovulación, una mujer puede liberar dos óvulos al mismo tiempo. Si ambos son fertilizados, el resultado serán dos embriones y, eventualmente un par de gemelos fraternos. En ocasiones, cuando sólo un óvulo es fertilizado, se divide en dos embriones por separado y entonces nace un par de gemelos idénticos. De cada noventa nacimientos aproximadamente, uno es de gemelos.

Aunque el feto puede moverse mucho antes, por lo general, la madre lo sentirá durante el cuarto mes de embarazo. En los meses siguientes, se dará la vuelta, pateará y se moverá por todo el útero.

Recuerdo la primera vez que sentí esta ligera actividad y supe con seguridad que dentro de mí estaba un ser vivo. Fue emocionante.

¿Qué se siente al estar embarazada?

El primer síntoma de embarazo es dejar de menstruar. El siguiente, para algunas mujeres, es el malestar matutino, que significa sentir náuseas por la mañana. (Para algunas personas dura todo el día). Cuando iba a nacer mi hija, vomité todas las mañanas durante tres meses, pero con una sonrisa porque estaba muy feliz. La mayor parte de las mujeres embarazadas también sienten que los senos les crecen un poco y que están ligeramente sensibles.

El embarazo también es un período muy emotivo. Existe la ansiedad natural. ¿El bebé estará sano? ¿La madre podrá soportar la carga de ser totalmente responsable del bienestar de otro ser humano? También se dan cambios de carácter que están asociados con aquellos que sufre el organismo de la madre. Un día se sentirá desesperada y al siguiente flotará entre nubes. No hay nada que una mujer pueda hacer para evitar esta rueda de la fortuna, pero quizá pueda sobrellevarla mejor si sabe que esa situación se va a presentar.

Después de los primeros tres meses, conforme el feto crece cada vez más, también lo hará el vientre de la mujer. Tendrá que empezar a usar ropa especial para *maternidad:* pantalones holgados y vestidos y faldas que le permitan sentirse cómoda con su nueva figura. Como yo no tenía mucho dinero cuando estaba embarazada, sólo tenía dos vestidos de maternidad. Pero siempre me sentía maravillosa al usarlos.

Por cierto, aunque la gente diga que el bebé está en el "estómago" o la "panza" de la mujer, no es cierto; está dentro del *útero.* De modo que lo que ella come no lo toca el bebé. Aun así es *muy* importante que una mujer embarazada cuide su alimentación. Necesita más proteínas, hierro, calcio, ácido fólico y vitaminas A, B, C, D y E. Su médico le indicará qué tipo de alimentos le proporcionarán estos nutrientes y, probablemente, le recetará complementos vitamínicos especiales.

Las mujeres embarazadas *no* deben consumir drogas, beber licor, vino o cerveza. El cigarro y el café también pueden dañar al feto. Para algunas mujeres es difícil acostumbrarse a estas restricciones, pero son muy importantes. Nadie daría licor a un niño pequeño, de modo que una madre *no* debe dárselo a un feto totalmente indefenso.

Los últimos tres meses de embarazo pueden ser muy incómodos. Ella cargará a todas partes alrededor de 10 o 15 kilos extra. En ocasiones le dolerá la espalda. A veces no se sentirá muy bien. Y, por lo general, estará muy impaciente. Probablemente, ella y el padre habrán elegido nombres, muebles y ropa para el bebé. ¡Si tan sólo el pequeño se diera prisa y naciera!

Dar a luz

Y, por fin, llega el día. La madre sentirá *contracciones* en los músculos del útero, una sensación de endurecimiento que indica que el cuerpo se prepara para dar a luz. Al principio, las contracciones son leves y se presentan cada 15 o 30 minutos. Cuando se intensifican y ocurren cada cinco o 10 minutos, es hora de ir al hospital. También la mujer debe, al menos, llamar al médico si siente un líquido caliente entre las piernas. Lo que sucede es que se le rompió la fuente. Esto se refiere a la liberación del líquido amniótico dentro del cual se sostuvo el feto en el útero.

Al proceso de dar a luz a un bebé se le llama *trabajo de parto,* por una razón muy sencilla: en verdad es un trabajo difícil. Para las mujeres que tienen a su primer hijo, el tiempo promedio del trabajo de parto es de entre 12 y 15 horas.

A pesar de que las contracciones pueden ser dolorosas, las mujeres tienen la opción de tomar medicamentos que las harán sentirse mucho mejor durante el parto. Y muchas madres, durante los últimos meses de embarazo, practican la respiración y el relajamiento en una forma especial que facilita el nacimiento. También les ayuda que un ser amado, por lo general el padre del bebé, las acompañe en la sala de partos y les tome la mano, las apoye y las dirija en las técnicas de relajamiento.

Durante el trabajo de parto, el bebé viaja fuera del útero y a través de la vagina. Hacia el final de éste, la mujer sentirá deseos de pujar, como si provocara una evacuación. Esto también ayuda.

Finalmente, se hace visible la parte superior de la cabeza del bebé. En este punto, el doctor o la partera (una persona capacitada para ayudar a nacer a los bebés) se encarga de que el bebé salga por completo.

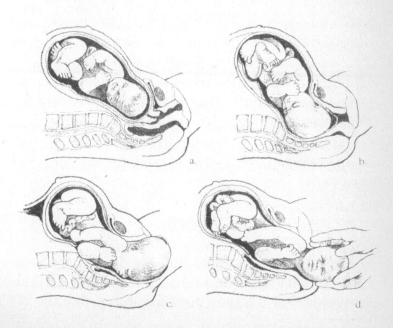

Quizá creas que es imposible que un ser humano, aun tratándose de un pequeño bebé, pase por la vagina de una mujer. Pero sí puede ser. Una de las maravillas del cuerpo humano es que, cuando se tiene que expandir, lo hace; y luego vuelve a su tamaño normal.

Después de que nace el bebé, el médico, la partera o una enfermera le limpia la boca, nariz y pulmones y el nene o nena —ahora los padres ya saben qué es— respira aire de verdad por primera vez. Entonces se oye ese primer grito, que es la música más dulce que he escuchado en mi vida. Después se corta el cordón umbilical a través del cual el feto estaba unido a la madre, quedando el ombligo. Quizá nunca hayas visto a un bebé que acaba de nacer. Si lo has hecho, sabrás que los recién nacidos no son muy bien parecidos. Están arrugados, manchados y tienen la piel muy roja. A veces están un poco deformes y su rostro no presenta una expresión muy inteligente. ¿Pero se les puede culpar? ¿Cómo te verías tú si hubieras sido aplastado en el canal del parto? De cualquier forma, en unos cuantos días el pequeño se verá *mucho* mejor.

Cesárea

En ocasiones, el médico que ayuda a la madre a dar a luz descubre que no va a funcionar el nacimiento normal a través de la vagina que acabo de describir. Quizá el bebé no se encuentre en posición para salir. Es probable que *necesite* nacer y no pueda esperar a que el trabajo de parto siga su curso. Tal vez el bebé sea demasiado grande para pasar por el canal del parto. O es posible que la condición física de la madre no haga muy aconsejable el parto por la vagina.

En estos casos, el doctor decidirá llevar a cabo una intervención cesárea. Ésta es una cirugía en la que el médico realiza una incisión a través de la pared abdominal y del útero y saca al bebé.

La operación es indolora porque a la madre se le administran analgésicos. Y, a pesar de que una intervención quirúrgica siempre es un asunto serio, ésta es muy segura. Una ventaja de los bebés que nacen por cesárea es que, como no tienen que viajar por el canal del parto, su aspecto es mucho mejor. Mis dos hijos nacieron de esta forma y ambos fueron unos bebés hermosos.

Los primeros días de vida

Los recién nacidos necesitan mucha ayuda. No hay casi nada que puedan hacer por sí mismos, excepto respirar, orinar, defecar y, desde luego, llorar. No pueden comer alimentos normales, ni siquiera comida para bebés todavía.

Algo en lo que son expertos es mamar, lo que es una gran suerte porque todo el alimento que necesitan se encuentra en el pecho de la madre;

sólo necesitan pedirlo. En forma sorprendente, un recién nacido busca por instinto el pecho de su madre y mama leche del pezón.

Después de que nace el pequeño, el cuerpo de la madre produce leche materna que contiene los nutrientes que el recién nacido necesita, así como sustancias que evitan las enfermedades y siempre está a la temperatura adecuada. Es el alimento perfecto para el bebé. La madre seguirá produciendo leche hasta que el infante deje de alimentarse de ella. Sin embargo, la alimentación al pecho no es para todos. Algunas madres la encuentran incómoda; otras tienen que separarse de sus bebés durante mucho tiempo (por trabajar o asistir a la escuela); y otras simplemente no les gusta la idea. Los bebés de estas personas, por lo general se alimentan con fórmula comercial por medio de un biberón, o con una combinación de leche materna y fórmula.

Durante los primeros días, el bebé va a dormir, despertar, llorar, comer, volver a dormir y así sucesivamente. En forma gradual, se acostumbrará a estar vivo, a estar más alerta y presto a responder, así como a permanecer despierto durante períodos más largos. Deseará que lo carguen y lo mimen mucho. Después de unos meses, empezará a desarrollar una apariencia y una personalidad propias.

Y después ¡sólo le faltarán unos cuantos años para llegar a la pubertad!

Apéndice

Existe todo un mundo esperándote allá afuera: el mundo de la sexualidad. Es un universo excitante, pero también un poco atemorizante.

Probablemente no lo parezca tanto si haces las cosas una por una y en su momento. Disfruta de ser niño durante todo el tiempo que lo seas y date la oportunidad de encontrar el placer en cada nueva fase del crecimiento.

En un minuto dejaré de cansarte con mi plática, pero primero permíteme recordarte las tres cosas más importantes que sé sobre el sexo: nunca pienses que debes hacer algo que no desees; no te sientas culpable por tus pensamientos o fantasías, y, por último, nunca obligues a nadie a hacer lo que no quiera.

Existirán muchos momentos en los que te sentirás confundido y atemorizado. Es normal. (Sería *anormal* si no los tuvieras). Durante esos momentos, intenta recordar que no estás solo: hay personas en tu vida que te aman. Si las dejas penetrar en tus sentimientos, intentarán ayudarte con alegría a solucionar aquello que te molesta.

¡Y recuerda que la doctora Ruth está contigo en cada paso que des!

Esta edición se imprimió en Abril del 2000, en Impresión Arte S.A. de C.V. Oriente 182, No. 387 Col. Moctezuma 15530, México, D.F.